하나님 나라를 경험하는 길

하나님 나라를 경험하는 길
— 서로 돕고, 사랑하며, 세우는 삶

2023년 9월 25일 처음 펴냄

지은이 최성수
펴낸곳 도서출판 동연
등록 제1-1383호(1992. 6. 12.)
주소 서울시 마포구 월드컵로 163-3
전화 02-335-2630
팩스 02-335-2640
이메일 yh4321@gmail.com

ISBN 978-89-6447-949-0 03040

하나님 나라를 경험하는 길

— 서로 돕고, 사랑하며, 세우는 삶

• 최성수 지음 •

이 글을 우리에게 와서 기쁨을 안겨 준

손주 이루다와 이든에게 바칩니다.

프롤로그

평범함 속에서 비범함 발견하기 프로젝트

어느 날 갑자기 떠오른 생각이 하나 있었습니다. 생각이라기보다는 질문이라고 보는 게 맞을 것 같습니다.

"만일 내가 하나님 나라 안에 있다면, 나는 지금 그 삶을 어떻게 살아야 마땅한가?"

"나는 지금 하나님 나라 안에 있는가? 그렇다면 그 나라에 있다는 걸 무엇으로 알 것인가?"

이 질문들을 시작으로 내 마음과 생각은 하나둘씩 기록되었고요. 나를 설득하지 못하는 내용은 분량과 상관없이 과감하게 덜어냈습니다. 나를 관찰하고, 나를 비판하고, 나를 설득하고, 나를 유혹하고, 나 자신과 씨름하면서 글을 써나갔습니다. 글쓰기 가운데 소소한 평안을 누렸는데요. 비록 하루하루 살아가며 생존의 문제는 여전해도 평안 가운데 지낼 수 있었고, 비록 불안이 완전히 사라지지는 않았어도 삶의 의욕과 용기까지 사라진 건 아님을 글을 쓰면서 확인할 수 있었습니다. 과잉 정보의 홍수에 휩쓸리지 않고 고요한 일상에 머물 수 있는 용기를 얻었기 때문입니다.

개인적으로 하나님 경험을 기록하는 일에서 가장 큰 장애물은 하나님 경험에 관한 루돌프 오토(Rudolf Otto)의 책이었습니다. 책 『성스러움의 의미』에서 하나님 경험을 누미노제(numinose)라 부르며* 특별하게 여긴 이후로 사람들은 일상에서 맞닥뜨리는 일에서 얻는 하나님 나라에 대한 평범한 경험에 주목할 생각을 하지 못했기 때문입니다. 사실 그렇지 않았었어도 적어도 그런 느낌을 받았습니다. 하나님 경험의 비합리적인 면과 성스러운 차원과 의미를 부정하는 건 아니지만, 일상에서 평범함을 경험하는 것도 하나님 경험에 포함되는 것이라면 적어도 그 언어는 일상적이어야 했습니다. 그래서 일상에서 일어나는 하나님 경험을 기술하기 위해 무엇보다 먼저 하나님 경험의 탈(脫)누미노제 작업이 필요했습니다.

그다음 순위에 오른 장애물을 말한다면, 한편으로는 천국을 경험

* 순수하게 비합리적이고 종교적인 의미에서 성스러움을 일컫는 말이다.

했다는 사람들의 증언이고 다른 한편으로는 하나님 나라가 항상 종말과 함께 거론된다는 겁니다. 천국을 경험했다는 건 소위 임사체험(near-death experience)을 가리킵니다. 생물학적으로 잠시(시간은 천차만별) 죽었다가 다시 살아난 후에 천국 경험에 관해 증언하는 사람들이 있습니다. 사후 세계인 천국을 부정하는 건 아니지만요. 이런 경험은 천국이, 하나님 나라가 오직 죽은 후에 가는 나라라는 잘못된 생각을 고집하게 합니다.

현실적으로 하나님 나라는 그리스도인에게 죽음 이후의 세계관에서 가장 큰 비중을 차지하는 주제이고 개념입니다. 사실 그리스도인 중에선 일상의 삶에서 하나님의 함께 계심(현존)을 느끼지 못하거나 지금 내 안에 그리고 우리 가운데 있는 하나님 나라를 경험하지 못하면 미래를 불안해하여 생존의 문제를 부둥켜안고 초조하게 하루하루를 보내는 사람들이 의외로 많습니다. 바라기는 이런 분들이 이 글을 통해 자신이 '지금' '이곳에서' 하나님 나라 안에 있음을 깨닫고 기쁨과 평안을 얻을 뿐만 아니라, 고난도 은혜로 여기고 하나님이 원하시는 삶의 정체성을 찾고 하나님 나라의 삶을 회복할 수 있으면 좋겠습니다. 또한 쉽진 않겠지만, 다가올 하나님 나라에만 매달려 사느라 지금 이곳에 우리 가운데 현존해 계시고 우리와 함께 계시는 하나님 나라를 간과하는 안타까운 현실에서 벗어나는 기회가 되길 기대합니다.

참고로 성경에서는 '천국'(하늘나라)과 '하나님의 나라'(하나님의 왕국)를 구분하여 사용하고 있습니다. 천국이라는 표현은 하늘+나라(왕국)를 가리키는데요. 유대인에게 하늘은 하나님이 계시는 곳이기에 하나님이 계신 곳을 천국이라 말한 겁니다. 이는 곧 하나님이 계신 곳은 어디든지 천국이라는 뜻입니다. 물리적 공간인 하늘을 염두에 두면 안 됩니다. 하나님 나라 혹은 하나님 왕국(Kingdom)은 하나님이 계시는 곳이며, 특히 하나님의 주권에 초점을 둔 표현입니다. 하나님의 다스림과 돌봄이 일어나는 곳, 그곳이 하나님 나라입니다. 하나님이 계시는 곳이라는 게 사실 하나님이 다스리고 돌보시는 곳이기에 둘은 같은 의미이지만, 유대인들을 향한 말씀에서는 대개 천국이 사용되었고, 마태복음 외의 복음서 특히 누가복음과 바울서신에서는 주로 하나님 나라(왕국)가 사용되었습니다. 이 글에서는 문맥에 맞게 사용할 텐데요. 섞어 사용하더라도 같은 의미로 이해하면 좋겠습니다.

이 글의 출판과 관련해서 특별히 감사할 분은 임은영/김수용 집사님(광주 양산한의원장)입니다. 두 분은 책의 기획 단계에서부터 글의 가치를 인정해 출판비 후원을 약속해 주시어 집필의 의욕을 북돋아 주셨습니다. 여러 방법으로 필자를 후원해 오셨는데도 책 출판까지 도우셔서 정말 감사드립니다.

또한 이 글을 끝맺는 작업은 캄보디아 바탐방신학교에 있는 동안 이루어졌습니다. 일일이 이름을 밝히진 못하지만, 필자의 캄보디아 선교를 위해 후원해 주신 교회와 단체 그리고 여러 후원자 여러분께 이 자리를 빌려 감사를 드립니다. 이 글의 초고를 읽고 귀한 의견을 주신 여러분들에게도 감사드립니다.

2023년 6월

최성수

차 례

1장

하나님 경험과 하나님 나라

1장 핵심 내용

하나님 경험과 하나님 나라 경험은 하나님에 관한 이해에 의존해 있습니다. 하나님 경험은 하나님이 말씀하시고 하나님이 말씀대로 행하실 때 그리고 하나님이 나타나실 때 사람에게 일어나는 경험입니다.

기독교에서 말하는 경험은 하나님의 현현을 전제하는 일이고 이것에 대한 인간의 반응으로 나타나는 결과입니다. 현존하는 하나님 나라 경험은 도래하는 하나님 나라를 기대하고 말하는 일에서 매우 중요한 기초입니다. 이 땅에 현존하는 하나님 나라에 대한 경험이 없이 장차 도래하는 하나님 나라를 기대하는 건, 설령 전혀 불가능하지는 않아도 기대하고 소망하는 삶을 위한 지속적인 동력을 얻지 못합니다. 더군다나 성경은 그리스도인이 이 땅에서 하나님 나라의 백성으로 살기를 요구하고 있는데, 이건 현존하는 하나님 나라를 알지 못하거나 또한 그것에 대한 경험이 없이는 가능하지 않습니다.

경험

"경험한다"라는 말이 있습니다. 사람이 어떤 사건을 감각이나 지각 작용을 통해 직간접적으로 겪거나 그것에 대해 느끼고 그것에 관해 생각하면서 의미를 깨달을 때 사용하는 말입니다. 경험은 대체로 감각적이고 감정적인 지각을 매개로 일어나는 인지 작용입니다. 인지 작용이라 말한 건 모든 경험은 이론적 배경을 바탕으로 일어나기 때문입니다.

현대는 과거 다른 시대에 비해 특히 경험을 중시하는 시대입니다. 사실 과거 낭만주의 시대에도 그랬지만 과거에 비해 달라진 게 있다면, 타인의 경험을 수용하거나 수동적으로 경험하는 것으로 만족하지 않고 자신의 지각행위를 통해 직접 얻는 경험을 중시하는 겁니다. 달리 말해서 어떤 사건이 일어날 때 비로소 경험되는 수동적 의미에서 벗어나 좀 더 주체적이고 참여적인 경험을 추구합니다. 경험을 촉발한다고 할지, 아니면 경험을 구성한다고 할지 어느 것이 더 정확한 표현인지는 따져보아야 하겠으나 현대인은 자기 말과 생각 그리고 행동에 의미를 부여하면서 자기가 원하는 경험을 직접 생산하고 그 경험을 기반으로 또다시 새로운 경험의 세계를 열어갑니다. 경험의 확장은 세계관의 확장으로 이어집니다.

사실 대중 예술을 포함해서 예술 경험은 이전부터 늘 있었습니다. 기본적으로 작가는 자기가 경험한 걸 표현함으로써 그것을 관람하는 사람이 공감하도록 자극하지만, 반대로 관객이 창작 과정에 적극적으로 참여하여 작가조차도 미처 생각하지 못한 경험을 갖도록 고무합니다. 경험과 관련해서 예술 창작과 감상을 매개하는 소통 방식이 새로워지고 있습니다. 예술가의 창작 경험만을 중시하는 흐름에서 벗어나 관객의 예술감상 경험도 중시하는 거죠. 프랑스 철학자이지 비평가인 롤랑 바르트(Roland Barth)는 '저자의 죽음'을 말할 정도이니 독자 혹은 관객 중심 비평은 이 시대의 흐름입니다.

디지털 기술이나 인공지능 기반의 기술은 예술 경험을 다양하고 풍성하게 해주는 것 같습니다. 영화 〈아바타〉(제임스 카메론 감독) 시리즈 사례에서 볼 수 있듯이, 영화는 이미 시청각 예술에서 벗어나 체험 매체로 변하고 있습니다. 많은 사람이 타지로 여행을 떠나는 것이나 지방 자치단체마다 각종 테마파크를 설립하여 관광객을 유치하려는 노력이나 일상에서 벗어나 새로운 세계를 경험하기 위해 알코올과 각종 약물에 의지하는 것도 그렇습니다. 상당수의 미래학자는 메타버스(metaverse)와 chatGPT가 우리 시대의 경험 방식을 새롭게 바꿀 것을 전망하고 있습니다.

하나님 경험과 신(神) 경험

경험을 생산하고 소통하는 방식과 관련해서 시대와 상황을 고려할 때 이런 질문이 제기됩니다.

다양하고 특별한 경험을 찾고 심지어 신(神) 경험을 추구하는 시대를 위해 기독교는 어떤 경험을 제공하고 있는가? 사람들이 환영할 만한 것일까요. 아니면 외면받는 것일까요? 아니면 그건 세속 사회의 특징이어서 일탈로 여겨져야 할까요? 그래서 오히려 기독교는 계몽적인 차원에서 기독교 본래의 경험을 제시하는 게 마땅할까요? 기독교 본래의 경험? 그건 대체 무엇인가요?

현대 기독교가 심각하게 보는 점은 전통 기독교가 제시하지 않는 방식으로 초월적 경험을 추구하는 일이 비그리스도인을 포함해서 그리스도인 가운데서도 다반사로 일어나는 겁니다. 기독교 전통에 따르지 않는 방식의 경험을 과연 '하나님 경험'으로 볼 수 있을까요? 왜냐하면 경험은 이론 기반의 지각 활동의 결과이기 때문입니다.

이 질문과 관련해서 먼저 주지할 사실은 성경이 말하는 하나님 경험과 대중문화 현상에서 말하는 신 경험은 다르다는 겁니다. 대중문화를 매개로 추구하는 경험은, 설령 그것이 신 경험이라 해도, 의미를 추구합니다. 삶의 의미, 존재의 의미, 고통의 의미, 죽음의 의미 등. 일상에서 경험하는 수많은 일과 관련해서 의미 있는 삶과 주체적 삶을 위한 노력입니다. 의도했던 행위의 결과든 전혀 의도하지 않은 사건의 결과든 의미를 발견하고 의미를 체험하며 또 의미를 살아내면서 삶의 충만함을 느끼는 데 초점을 두고 있습니다.

경험은 이론 의존적

경험을 말할 때 반드시 고려할 점은 경험은 인지 활동의 결과이고 이론 의존적이라는 겁니다. 아는 만큼 본다는 말은 바로 이론 의존적 경험의 특징을 가리킵니다. 무엇을 경험했다고 한다면, 우선은 감각적이고 감정적인 측면을 전제하나, 무엇보다 그 경험을 설명하거나 경험을 가능하게 하는 이론을 바탕으로 이뤄진 겁니다. 만일 이론적인 배경이 없으면 그건 단순히 지각 현상이나 혹은 감정적인 느낌에 불과할 뿐입니다. 보고 듣고 만지고 맛보고 느낀 것일 뿐이라는 말이죠.

물론 무엇인가에 대해 강한 느낌이 있긴 했는데, 정작 이것이 무엇인지 모르는 때가 있습니다. 과학과 사회과학 그리고 철학 분야에서 두각을 나타냈던 마이클 폴라니(Michael Polany)는 이것을 가리켜 암묵적 지식(tacit/implicit knowledge)이라고 했는데요. 이것은 경험 이전의 단계에서 작용하는 지식으로 경험을 통해 비로소 확인되는 지식입니다. 달리 말해서 경험은 느낌을 이해하거나 설명할 수 있을 때 사용하는 개념입니다. 모든 경험은 이론에 근거하고 있기에 '학문 각 분야에 고유한 경험'이 가능합니다. 사회학적 경험, 종교적 경험, 철학적 경험, 신학적 경험, 정치적 경험, 경제적 경험, 예술적 경험 등 그 종류가 다양합니다.

경험과 감정

독일 신학자이며 철학자인 슐라이어마허(Friedrich Schleiermacher)는 하나님 경험은 인간의 감정 차원에서 일어난다고 보았습니다. 하나님이 나타나시면, 인간은 감각을 통해 반응하는데, 이것은 인간 안에서 감정을 일으킵니다. 그래서 기독교 신앙의 본질을 하나님에 대한 절대의존감정(das absolute Abhängigkeitsgefühl)이라 말한 겁니다. 쾌적함과 불쾌함의 구분을 넘어 하나님에게 절대적으로 의존해 있음을 느끼며 그 느낌에 근거하여 하나님과 사람에 반응하는 것을 말합니다. 이로써 그는 처음으로 인간의 감정을 신학함(doing-theology)의 대상으로 삼았습니다.

앞서 언급한 루돌프 오토는 그의 제자입니다. 오토는 종교 경험의 감정적인 차원을 보다 더 보편적으로 탐구해 모든 종교에는 비합리적이고(das Irrationale) 더는 환원할 수 없는(das Irreduzible) 요소가 있다고 보고 이를 누미노제(Numinose)라 불렀습니다. 일종의 초월적 존재의 힘에 대한 경험 곧 거룩함에 대한 경험인 거죠. 그가 주저의 제목을 Das Heilige(거룩, 한국에서는 '성스러움의 의미'로 번역)이라 붙인 이유입니다. 이곳에서 그는 모든 종교 체험의 누미노제야 말로 표현하기 힘든 두 요소가 있다고 했습니다. 두려움(mysterium tremendum)과

매혹(혹은 끌림, mysterium fascinans)입니다. 그러니까 초월적인 경험을 했을 때, 인간에게 일어나는 현상이 두려움 아니면 매혹이라는 말입니다. 이것은 흔히 '경외'라는 말로 표현됩니다. 인간에게서 일어나는 이런 감정을 바탕으로 학자들은 신의 속성으로 공의와 사랑을 말하고, 이것이 종교 경험을 가능하게 한다고 설명합니다. 미국의 철학자 윌리엄 제임스(William James)는 종교 경험의 본질을 연구해서 종교 혹은 종파의 차이에 따라 다양한 종교 경험이 가능하다는 것을 밝혔습니다.

그 이후 감정은 심리학적 연구의 대상이 되어 기독교 신학에서 찾아보기 어려워졌습니다. 그러다가 가톨릭 신학자 폰 발타자르(Hans Urs von Balthasar)에 의해 미학적 각성(aesthetic awakening)이 일어난 후에 감각과 감정은 기독교 미학의 주제로 다뤄지게 되었습니다. 이로써 하나님 경험의 문제는 종교학과 심리학에서 다시 신학으로 옮겨오게 되었고 일부는 신학적 미학(theological aesthetics)의 주제가 되었습니다.

하나님 경험

기독교에서 말하는 경험은 흔히 하나님 경험이라 말합니다. 왜냐하면 그건 하나님이 말씀하시고 하나님이 행하실 때 그리고 하나님이 나타나실 때 사람에게 일어나는 경험이기 때문입니다. 기독교에서 말하는 경험은 하나님의 현현을 전제하고 하나님에 관한 지식을 바탕으로 이것에 대한 인간의 반응으로 나타나는 결과입니다. 하나님 경험은 미학뿐만 아니라 영성의 주제이기도 하고 실천신학과 조직신학의 중심 주제이기도 합니다. 특히 현존하는 하나님 나라 경험은 도래하는 하나님 나라를 기대하고 말하는 일에서 매우 중요한 기초입니다.

이 땅에 현존하는 하나님 나라에 대한 경험이 없이 장차 도래하는 하나님 나라를 기대하는 건요, 설령 전혀 불가능하지는 않아도 기대하고 소망하는 삶을 위한 지속적인 동력을 얻지 못합니다. 더군다나 성경은 그리스도인이 이 땅에서 하나님 나라의 백성으로 살기를 요구하고 있는데, 이건 현존하는 하나님 나라를 알지 못하거나 또한 그것에 대한 경험이 없이는 가능하지 않습니다. 하나님 경험이라고 해서 하나님에 관한 지식에 제한하는 건 아닙니다. 하나님이 나타나시면 그건 대개 어떤 현상을 동반하는데요. 사람은 지각행위를 통해 하나님에 관한 지식과 인간에 관한 지식 그리고 세계에 관한 지식을 얻습니다. 이 모든 것이 하나님 나라에 관한 경험을 구성합니다.

앞서 하나님 경험과의 차이를 말하면서 대중문화를 통한 경험이 '의미'를 지향한다 했는데요. 의미는 전체와의 관계에서 부분이 어떤 위치에 있는지 확인함으로써 얻어지는 결과입니다. 삶의 의미는 삶의 일부가 인생 전체와의 관계에서 적합한 자리매김이 되었을 때 얻어지는 통찰입니다. 지금 내가 하는 일이 어떤 의미인지는 내 인생 전체와의 관계에서 결정된다는 말입니다. 부분의 적합한 자리를 전체와의 관계에서 추론하여 얻는 일입니다. 문제는 삶과 죽음 모두를 포함하는 인생 전체를 우리가 알 수 없다는 거죠. 살아 있는 동안 다만 추측할 수 있을 뿐 정확히 알 방법이 없습니다. 그러니 의미는 단편적일 뿐이고 개연적일 뿐입니다. 시대를 초월해서 유지되는 게 있긴 하지만, 대체로 의미는 시대에 따라 달라질 수밖에 없습니다. 그래서 영원한 건 없다고 말하는 거죠.

이에 비해 하나님 경험은 전체에 대한 경험입니다. 전체를 알지 못하면서도 전체를 경험하는 것이니 여기서 나타나는 가장 큰 문제는 누구에게나 일어나는 것이 아니라는 것과 또한 표현 능력의 부족입니다. 전체에 대한 경험은 하나님이 허락하는 자에게만 가능합니다. 다시 말해서 하나님의 존재를 인정하고 믿는 자에게만 일어납니다.

게다가 경험은 했어도 사람은 표현 능력의 한계로 그걸 말로 다 표현하지 못합니다. 따라서 하나님 경험의 진정성은 말보다는 변화한 삶을 통해서만 확인할 수 있습니다. 실천이 따르지 않는 말은 의심받을 수밖에 없는 이유입니다. 하나님을 경험한 자의 특징은 그것이 내면에서든 외적 태도에서든 변화한다는 것이고 언행일치의 삶입니다. 그렇지 않은 건 의심의 대상입니다. 무엇보다 마지막 때에 비로소 그 온전함이 밝혀지기에 전체에 대한 경험은 불가능합니다.

하나님 경험에 관해 좀 더 살펴보도록 하죠.

하나님 경험은 두려움과 매혹을 동반하지만 때로는 황홀한 한숨으로 때로는 깊은 우울감으로 때로는 절망적인 비명으로 때로는 웃음으로 슬픔으로 나타나기도 합니다. 기대와 소망으로 나타나기도 합니다. 다시 말해서 인간의 다양한 감정 반응을 유발합니다. 기존에 있는 의미 경험의 틀이 깨짐으로써 새로운 것을 향해 마음을 열고 받아들일 준비를 자극합니다.

하나님은 세상을 다스리시는 분이기에 하나님 경험은 사실 삶의 모든 영역에서 일어납니다. 특정 장소나 시간에 하나님 경험을 제한해서는 안 됩니다. 예컨대 교회에서만 가능하다거나 혹은 십자가 형상 앞에서 가능하다거나 혹은 성도들 사이에서만 가능하다고 생각하는 것 혹은 교회 예배에서만 가능하다거나 기도원 같은 특별한 곳에서만 가능하다고 말할 수 없습니다. 새벽이나 밤에 제한해서도 안 됩니다. 하나님 경험은 하나님의 주권적 자유에 따른 행위로 일어나는 것이고 시간과 장소에 제한되지 않습니다. 따라서 지혜로운 다섯 처녀같이 그리스도인은 하나님의 나타나심을 경험할 수 있도록 항상 깨어있어야 합니다.

오늘날 한국교회의 가장 큰 문제는 하나님 경험이 일상에서 멀어진 겁니다. 한편으로는 하나님 경험을 너무 신비스럽게 다루고 다른 한편으로는 교회와 의식적인 예배에 제한한 결과입니다. 그나마 다행인 건 최근 들어서는 교회 혹은 신학의 공적 책임(public responsibility)을 자각하면서 하나님 경험의 범위가 사회와 국가 그리고 세계로 확장하고 있는 겁니다. 바람직한 현상이지만, 여전히 아쉬운 부분이 많습니다. 왜냐하면 하나님 경험에 대한 구체적인 교육이 없기 때문입니다. 경험을 위해서는 이론적인 배경이 있어야 하고 이를 위해서는 예배 교육이 필요한데, 예전의 의미를 숙지할 만한 교육이 없다 보니 하나님 경험에 대한 성도들의 관심이 부족할 수밖에 없고, 자신에게 일어난 현상들을 대하면서 그것이 무엇을 의미하는지 제대로 이해하지 못합니다. 물론 이해하고 설명하도록 하는 신학이 잘못되어 성도가 하나님을 올바르게 경험하지 못하게 만들기도 합니다.

하나님 경험은 신앙과 신학에 따라 달라집니다. 그렇기에 먼저 하나님 경험이 무엇인지를 알아야 하고, 내게 일어나는 사건들과 관련해서 하나님을 경험하기 위해서는 이론적 배경인 신학을 알아야 합니다. 특정 신학자의 이론도 현상을 이해하는 방식의 차이를 발견할 수 있기 위해 알아야 하지만, 무엇보다도 신학적 · 성경적 주제와 개념들을 숙지해야 합니다(참고: 최성수, 『의미는 알고나 사용합시다』, 예영, 2019).

물론 이것은 성경 지식이 체계적으로 잘 갖춰져 있다면 어느 정도 해결될 일입니다. 그러나 현대인의 삶은 여러 면에서 성경 시대와 다르기에 성경의 내용을 안다고 해서 혹은 성경의 메시지를 삶에 잘 적용한다고 해서 모든 문제가 해결되진 않습니다. 성경을 그 내용뿐만 아니라 주제에 따라 곧 체계적으로 —특히 개념을 염두에 두고— 배울 필요가 있습니다. 실제로 성경 지식이 뛰어난 사람들 가운데 이단에 빠지는 경우가 종종 있습니다. 이건 설명하고 이해하도록 돕는 이론이 잘못되었기 때문입니다.

성경은 하나님 경험에 대한 다양한 증거들을 갖고 있습니다. 우리의 경험은 성경이 말하고 있는 것과 일치하도록 하거나 적어도 성경적 의미에 근접해야 합니다. 이것이 캐논(규범, 기준)으로서 성경의 의미입니다. 이것이 가능하도록 돕는 일이 신학입니다. 그러니까

신학생들은 무엇보다 신학을 연마하는 일에 최선을 다해야 할 것이고, 이것을 성도들의 삶과 관련해서 제대로 설명할 수 있도록 훈련받아야 합니다. 신학이 어렵다고 느껴진다면, 기본 개념을 습득함으로써 어느 정도 해결할 수 있습니다. 무엇보다 제가 개인적으로 가치를 두는 교육이 있는데요, 예전의 의미를 숙지하는 예배 교육을 권고합니다. 예배는 우리가 일상에서도 하나님을 경험할 수 있는 틀을 공급하고 또 하나님 경험을 안내하기 때문입니다.*

* 마커스 보그, 『그리스도교 신앙을 말하다』(서울: 비아, 2017); 최성수, 『의미는 알고나 사용합시다』(서울: 예영, 2019).

진선미 경험과 하나님 경험

기독교 하나님 경험의 대부분이 진과 선에 대한 경험에 제한되어 있는 것도 큰 문제입니다. 진리 혹은 진실에 대한 경험은 매우 중요합니다. 성령은 진리의 영으로서 우리가 진리를 깨닫도록 도우시고 진리로 인도합니다. 진리를 깨닫는 건 인지 차원에서 하나님을 경험하는 길입니다. 말씀을 듣거나 읽을 때 우리가 하나님을 알게 되는 건 인지 경험으로서 진리에 대한 경험입니다. 깨달은 것을 실천함으로써 우리는 또 다른 차원의 진리 경험을 합니다. 이것은 선에 대한 경험에도 적용됩니다.

이 문제는 자연스럽게 하나님 경험에 있어서 또 다른 문제로 이끄는데요. 곧 미에 대한 경험을 소홀히 대하는 경향입니다. 이는 그동안 아름다움을 대체로 지각 현상으로만 보았고, 사람의 감각을 즐겁게 해주는 것으로 이해했기 때문입니다. 그래서 아름다움은 올바른 판단을 방해한다고만 여겼습니다. 이런 관점과 태도는 아름다움에 관한 오해에서 비롯합니다. 엄밀히 말해서 신학적인 의미의 아름다움은 우리의 감각을 즐겁게 해주는 것에 제한하지 않습니다.

성경에서 말하는 아름다움의 전형은 창세기 1장에서 찾을 수 있습니다. 다시 말해서 세상이 하나님이 말씀하신 대로 되었을 때, 하나님이 보시기에 좋았다(아름다웠다)고 본 관점은 신학적인 의미에서 아름다움을 말하는 전형에 해당합니다. 아름다움은 세상이 하나님의 말씀대로 그대로 되었을 때, 이를 두고 평가하는 개념입니다. 창조 신앙은 하나님이 말씀하신 대로 그대로 된 세상이 하나님이 보시기에 좋은 것임을 고백합니다.

이렇게 본다면 진과 선 역시 아름다움과 관련해서 이해할 수 있습니다. 하나님의 말씀이 진리이고, 하나님의 행위가 선입니다. 진과 선은 우리가 하나님의 말씀과 행위를 판단하기 위한 기준이 아니라, 하나님의 말씀과 행위가 진과 선을 이해하기 위한 기준입니다. 무엇이 옳고 무엇이 그른지에 관한 판단을 할 수 있기 위해서 우리는 하나님의 말씀과 행위를 잘 알아야 합니다. 하나님의 말씀대로 되는 것이 진이며 또한 하나님의 말씀대로 행하는 것이 선이기 때문입니다. 미 역시 매한가지입니다.

문제는 하나님의 말씀과 행위의 온전한 형태에 관해 우리가 잘 알지 못하는 거죠. 사도 바울이 고린도 교회에 보내는 편지에서 말했듯이, 우리가 보는 것은 거울을 보는 것 같이 희미할 뿐입니다. 그러니 세상에서 진과 선과 미에 관한 판단은 온전할 수 없습니다. 절대적이라고 주장할 수 없으니, 언제든지 하나님의 나타나심을 기대하면서 상대의 의견을 존중해야 합니다.

한편, 진과 선만을 중시할 경우, 우리가 서로 갈등하고 싸우고 분열하는 것을 막을 수 없습니다. 그러나 아름다움을 함께 염두에 둔다면, 진과 선을 위한 주장이 최선의 길이 아님을 깨닫게 됩니다. 아름다움을 경험하는 데에는 조화와 화해가 중요하기 때문이죠. 하나님의 뜻이 온전히 실현되었음이 확인될 때 비로소 아름답다고 말할 수 있습니다. 진과 선과 관련해서 벌어진 교회의 갈등과 분열의 역사는 아름다움에 대한 경험을 하나님 경험에서 제외했거나 하나님 경험으로 보려고 하지 않았기 때문입니다.

아름다움은 자연을 보거나 훌륭한 예술 작품을 대할 때만 경험되는 게 아닙니다. 우리의 삶이 하나님의 뜻대로 될 때, 비록 겉보기에는 좋아 보이지 않아도 아름답다고 말할 수 있습니다. 예수님의 십자가가 비록 보기에는 좋지 않고 더는 생각하고 싶지 않은 것이라 해도 아름답다고 말하는 것은 그것이 하나님의 뜻을 온전히 이루었기 때문입니다. 모두가 동의하지 않은 듯이 보여도 궁극적으로 하나님의 뜻이 이루어지는 일이라면, 아름답다고 말할 수 있습니다.

아름다움을 하나님 경험의 또 다른 차원으로 생각할 때 하나님 경험은 일상에서도 가능합니다. 드라마를 시청하거나 영화를 관람하거나 예술 작품을 감상할 때 그리고 일상의 삶에서 누군가가 하나님 말씀대로 사는 삶을 접하거나 혹은 직접 하나님 말씀대로 살 때 그리고 진리를 알게 되고 실천할 뿐만 아니라 선을 알고 아는 대로 행할 때, 비록 반드시 일어난다고 보장할 수는 없어도, 우리는 하나님 경험을 기대할 수 있습니다.

하나님 나라와 하나님 경험

이 글의 목적은 하나님 나라 경험을 위한 다섯 가지 길을 제시함으로써 일상에서도 하나님 나라를 경험할 수 있으며 또한 이를 바탕으로 도래하는 하나님 나라를 기대하고 소망하는 삶을 살도록 도우려는 데 있습니다.

하나님 나라는 성경의 핵심 주제이고, 구약 묵시록 전통을 형성하고(사 2:2-4), 특히 예수 그리스도의 복음에서 핵심 내용입니다. 복음서에는 물론이고 바울 서신에서도 하나님 나라는 핵심 주제입니다. 물론 구약도 예외는 아닙니다. 구약의 초점이 현실의 풍성함과 약속의 땅에 맞춰져 있는 것 같아도 처음과 달리 시간이 더해 갈수록 점차 메시아의 나라로 옮겨지고 있습니다. 사실 하나님 나라는 창조와 더불어 시작된 하나님의 다스림과 돌봄에 관한 것입니다. 그 다스림과 돌봄은 초자연적인 일에서만이 아니라 지극히 일상에서도 경험됩니다. 나는 이 글을 통해 그동안 지나치게 초자연적인 일과 관련해서만 이해되어온 하나님 나라를 일상 경험과 관련해서 말해보고자 합니다. 달리 말해서 평범함 속에서 비범함을 발견하는 안목을 얻으려는 거죠.

복음서에 기록된 하나님의 나라에 대한 비유 혹은 천국 비유는 하나님 나라의 여러 특징을 말합니다. 그 가운데 하나를 말한다면, 도래하는 왕국(coming Kingdom)이라는 겁니다. 이와 관련해서 하나님을 말할 때는 '(우리에게) 오시는 하나님'이라 합니다. 이건 대림절 주제이기도 한데요. 오시는 하나님에 대한 이해는 자연스레 '하나님 나라의 도래'를 말하도록 했습니다. 도래하는 하나님 나라와 오시는 하나님은 보기에는 다른 주제처럼 보여도 사실 같은 맥락에서 이해할 수 있습니다. 하나님과 하나님 나라는 떼려야 뗄 수 없는 관계에 있기 때문입니다. 만일 하나님이 이곳에 계신다면, 하나님 나라 역시 이곳에 현존합니다.

그런데 '도래하는 하나님 나라'에 관한 생각은 창조 이후 계속되고 있는 '이 땅에서의 하나님 나라' 혹은 '이 땅에 현존하는 하나님 나라'라는 생각과 충돌합니다. 양자의 충돌은 어떻게 해결할 수 있을까요? 이 질문을 계기로 필자는 '평범함 속에서 비범함을 발견하기' 프로젝트를 기획하게 되었습니다.

사실 이 질문보다 앞서 선결해야 할 문제가 있는데요. 현존하는 하나님 나라에 관한 생각이 다가올 하나님 나라에 관한 생각에 비해 너무 부족하다는 겁니다. 현존하는 하나님 나라에 관한 글들을 찾기가 쉽지 않습니다. 일상은 많이 회자하는 주제입니다만, 그것이 하나님 나라와 어떤 관계에 있는지, 이에 관한 글은 별로 없습니다. 가장 큰 이유는 하나님 나라를 미래의 것으로만 보았기 때문이지요. 이게 문제인 이유는 이 땅에서 하나님 나라 백성으로서 살지 못하게 하고요. 또한 다가오는 하나님 나라에 대한 소망을 잃게 만들기 때문입니다.

사실 창조 후 한 번도 중단한 적이 없는 하나님 나라는 세상 가운데 현존하고 있으나 드러나 있지 않습니다. 밭에 감춰진 보화와 같습니다. 그래서 그리스도인은 너무나도 당연한 일임에도 불구하고 뜻하지 않게 하나님 나라에 제대로 반응하지 못하면서 살아온 겁니다. 현존하는 하나님 나라는 오직 예수 그리스도와 그의 십자가 그리고 부활 사건에서 가장 분명해집니다. 특히 그 나라와 작용은 예수를 그리스도로 믿는 자와 그의 말씀에 순종하는 자를 통해 드러납니다. 믿음과 순종이 기독교 신앙에서 왜 중요한지는 바로 은폐해 있는 하나님 나라와 관련해 있습니다. 그건 하나님 나라의 존재를 알리고 하나님 나라의 현실을 보이는 방법입니다.

예수님 당시의 유대인은 이것을 인정하지 않고 자기의 의로 들어갈 수 있다고 믿고 율법에 집착하며 살았습니다. 잘못된 길로 들어선 이들을 위해 하나님은 예수 그리스도를 통해 그 나라는 오직 은혜로 현실이 되고 경험되는 곳임을 알려주셨습니다. 관건은 오직 회개하고 예수 그리스도를 통해 계시한 말씀에 따라 살면서 하나님을 예배하며 사는 것입니다. 그러나 사람들은 회개하지 않았고 예수 그리스도와 그의 계시를 거부하였습니다. 당연히 예수님의 말씀대로 사는 일이나 온전히 예배하는 일은 일어나지 않았지요. 예수님의 죽음은 하나님 나라는 이미 경험할 수 있도록 현존해 있으나 사람들은 그것을 인정하지 않고 받아들이려 하지 않았고, 이런 태도는 지금도 여전하다는 사실을 폭로합니다. 그래도 하나님은 권능으로 당신이 참 하나님이심을 나타내셨는데요. 그것이 부활입니다. 부활은 이 땅에서 하나님의 다스림과 돌보심 그리고 세상의 구원을 왜곡하고 막으려는 모든 일이 결국엔 수포가 된다는 사실을 증언하는 사건입니다. 또한 장차 이 일에 대한 하나님의 약속이 반드시 성취할 것에 대한 증거입니다. 따라서 앞으로는 그 누구도 또 그 무엇도 하나님의 다스림과 돌보심과 구원을 가로막을 수 없습니다.

창조 후 이 땅에서 하나님 나라는 하나님의 방법대로 —은폐한 채— 존재하나 믿는 자는 믿음과 순종을 통해 그 나라의 현실을 일상에서 감사와 기쁨과 소망 가운데 살아갈 수 있습니다. 때로는 고난의 삶도 긍정할 수 있습니다. 특히 타인에 의존할 수밖에 없는 몸을 가진 그리스도인이 지금 이곳에서 하나님 나라의 삶을 사는 가장 적합한 길은 서로 사랑이고, 서로 돕는 삶이며 또한 서로 세우는 삶입니다. 서로 사랑하는 삶과 서로 돕는 삶 그리고 서로 세우는 삶은 하나님이 지금 이곳에서 우리와 함께 계시고 우리를 다스리시고 돌보심을 가장 분명하게 드러내는 길입니다. 이 땅에 현존해 있는 하나님 나라는 서로 사랑하고, 서로 도우며, 서로 세우는 삶을 통해 발견되고 그렇게 경험됩니다. 설령 나 자신은 경험하지 못한다 해도요. 나의 순종을 통해 누군가는 반드시 경험합니다.

그렇다면 '도래하는 하나님 나라'는 무엇인가요? 이미 세상 가운데 현존하고 있는데 또다시 그 나라가 다가온다는 건 무슨 의미인가요?

양자의 관계는요. 성령이 우리 가운데 현존해 계시지만, 그러함에도 불구하고 성령의 오심과 충만을 기도하는 것과 비교할 수 있습니다. 성령의 오심과 충만을 기도하는 건 성령이 지금 존재하지 않아서가 아닙니다. 성령의 오심, 이건 각성이고, 새로움이고, 거듭남이고, 갱신이고, 능력이 더해지는 것이고 그리고 충만함을 의미합니다. 성령 충만은 성령의 다스림을 온전히 받는 현실을 가리킵니다.

공자는 나이 70에 종심소욕 불유구(七十而從心所欲 不踰矩)를 말했는데, 일흔이 되어서는 무엇이든 하고 싶은 대로 하여도 법도에 어긋나지 않았다는 뜻입니다. 이와 마찬가지로 성령이 충만한 사람은 무엇을 생각하고 무엇을 하든 하나님의 뜻에 일치합니다. 도래하는 하나님 나라와 이미 이 땅 위에 존재하는 하나님 나라와의 관계 역시 유사합니다. 경험되지 못한 채 현존해 있는 하나님 나라는 도래하여 오는 경험을 통해 기존의 것을 새롭게 합니다. 그건 각성이고, 변화이고, 새로움이고, 갱신이고, 지금보다 더 풍성해지는 것과 온전해지는 것을 의미합니다.

다만 특별한 게 있다면요. 현존하는 하나님 나라가 일상에서 경험되는 것이라면, 도래하는 하나님 나라는 종말 경험과 관련해 있는 겁니다. 종말 경험이란 마지막에 대한 경험입니다. 누구도 피할 수 없는 일입니다.

그러나 믿지 않는 자가 인간의 욕망이 얼마나 허무한지를 깨닫는 순간
노력했던 것들이 아무 결실 없이 끝나는 순간
추구했던 것들이 무지개를 좇는 것이었음을 깨닫는 순간
돈과 명예와 권력의 맛이 얼마나 쓴지를 경험하는 순간
인간이 얼마나 연약한 존재인지를 깨닫는 순간
믿고 따르던 것들이 무너지는 순간
생을 다하고 죽음을 맞이하는 순간
사랑의 의미를 깨닫는 순간
생명의 가치가 드러나는 순간
진리를 깨닫는 순간

억압과 구속에서 자유롭게 되는 순간
이 모든 순간에 여호와가 참 하나님이시고 예수가 그리스도시고 주님이심을 깨닫게 될 텐데요. 이때 경험되는 건 심판과 구원이며, 절망과 희망이며, 죽음과 새로 태어나는 경험입니다.

이것을 믿는 자로서 경험하든, 아니면 믿지 않는 자로서 경험하든, 모두가 여호와가 참 하나님을 알게 되는 때 곧 크로노스(chronos: 물리적 시간) 안에서 카이로스(kairos: 기회, 하나님의 때) 경험을 가리켜 말할 때 '도래하는 하나님 나라'라 합니다. 그건 심판이고 깨달음이고 중생이며 새로운 피조물이고 영생입니다. 고통, 절망, 기쁨, 기대, 소망 등의 현상을 동반합니다.

이 땅에서 믿음을 갖고 사는 사람이라도 모두가 하나님 나라의 삶을 사는 건 아닙니다. 이미 성경에서도 볼 수 있듯이, 하나님의 백성으로 부름을 받았어도 그분과 전혀 무관하게 살면서 하나님의 영광에 합당하게 살지 않는 이가 많고, 심지어 다른 신에게 자기 유익을 구하며 사는 이도 있습니다. 겉과 달리 속으로는 불신자이며 불순종하는 자이며 우상 숭배자입니다. 이런 사람들에게도 하나님 나라는 도래하는 나라일 것입니다만, 구원이 아니라 심판으로 경험됩니다.

또한 하나님 나라는 하나님의 주권에 초점을 두고 있습니다. 이건요. '도래하는 나라'라는 말에는 하나님 나라가 인간이 건설하는 것이 아니라는 의미를 포함합니다. 하나님 나라는 예기치 않은 때와 장소에 닥치는 것이기에 인간이 계획을 갖고 혹은 비전을 갖고 건설한다는 건 절대 가당치 않은 일이고요. 설령 계획 가운데 순종하며 살았다 해도 인간은 다만 충격적으로 경험할 뿐입니다. 하나님의 나라는 사람의 생각과 상상을 초월하기 때문입니다. 그래서 도래하는 나라에 대한 경험은 일상에서 '충격', '놀라움', '경이' 등으로 나타나고, 이걸 경험한 사람은 감사와 기쁨과 찬송과 기도로 반응하며 하나님을 예배합니다.

하나님 나라를 경험하는 것, 그것이 실제로 무엇인지는 앞으로 설명해야 할 일이지만, 우선 알아야 할 사실이 있습니다. 일상에서 겪는 하나님 나라 경험은 하나님의 영광에 합당한 반응을 유발한다는 겁니다. 발견하는 것이니 그것에 합당한 반응은 기쁨과 감사와 찬양이고, 불현듯 다가오는 것이니 그것에 합당한 반응은 기다림과 기대와 기도이고, 무엇보다 닥치는 시기와 방법을 모르니 그것을 경험하며 반응할 때 인간은 놀라워하고 경이로워합니다. 때로는 기대와 욕망과 달리 나타나기에 실망을 일으키기도 합니다. 게다가 그것은 거룩하신 하나님의 오심이기에 그리스도 안에 있는 자는 특별한 은혜로 경험하지만, 하나님을 예배하는 걸 원치 않는 자와 예수 그리스도를 믿지 않는 자는 심판으로 경험합니다.

이렇듯, 누구든지 발견되거나 충격적으로 맞이할 '도래하는 하나님 나라'를 일상에서 경험하지 못하면 아무런 반응을 하지 못합니다. 하나님의 나라를 알지 못하기에 그렇겠지만요. 설령 알아도 일상에서 경험하지 못하거나, 경험한다 해도 그에 합당하게 반응하지 않으면, 하나님 나라의 실제를 경험하지 못한 것이나 마찬가지입니다. 그러니 교육이 없어 하나님 나라를 알지 못해 도래하는 하나님 나라에 반응하지 못하는 일은 일어나지 않아야 하고요. 또한 알고 있음에도 실천을 위한 훈련이 없어 어떻게 반응할지 몰라서 간과하는 안타까운 일도 없어야 할 겁니다. 지나치게 초월적인 의미에 매여 일상에서 경험되는 하나님 나라에 반응하지 못하는 일은 더더욱 없어야 할 겁니다.

이를 위해 그리스도인은 하나님과 하나님의 나라에 관해서는 물론이고 그 나라가 어떻게 존재하고 어떻게 오시는지에 관해 숙지해야 합니다. 여기에 더해 하나님 나라에 어떻게 반응해야 하나님의 영광에 적합한 건지 이에 관해 배우고 훈련해야 합니다. 이게 저절로 알 수 있는 게 아닌데요. 왜냐하면 그리스도인이 되었더라도 이미 오랫동안 세상 문화에 익숙한 삶을 살았기 때문입니다. 하나님 나라는 밭에 감추어져 있는 보물 같다고 했습니다. 기독교 문화조차도 세속화되어 이제는 그것이 하나님과 그분의 영광과 위엄에 적합한 반응인지 그렇지 않은지 헷갈릴 정도입니다. 따라서 설령 모태 신앙인이라도 발견되는 혹은 충격적으로 맞이할 하나님 나라와 오시는 하나님, 도래하는 하나님 나라에 어떻게 반응할지 이에 관해 새롭게 배울 필요가 있습니다.

졸저 『온전한 예배』(한국학술정보, 2022)는 바로 이를 위해 도움을 주고자 집필한 것입니다. 이 책을 읽으시면 예전을 매개로 하나님에게 어떻게 반응할지 배울 수 있고 특히 일상의 삶에서 하나님과 이웃 그리고 자연에 어떻게 반응하는 것이 하나님이 보시기에 좋은 건지, 이것을 이해하는 일에서 큰 도움을 얻을 것입니다.

이미 세상에 현존하는 하나님 나라에 관해서는 구약과 신약에 잘 나타나 있습니다. 하나님의 세상 창조는 하나님이 다스리고 돌보시는 당신의 나라를 세우셨다는 뜻입니다. 이 땅에 세워진 하나님 나라의 핵심은 하나님이 말씀하신 대로 그대로 되었다는 데 있습니다. 그래서 하나님은 피조물을 보고 당신이 보시기에 좋고 아름답다 이렇게 말씀하신 겁니다.

이 나라에서 하나님은 당신의 백성에게 특별한 환경을 마련해 주셨고, 그 안에서 피조물을 관리하며 살도록 하셨지요. 그러나 인간은 자기 한계를 넘어 전지적 능력을 얻으려는 욕망에 사로잡혀 하나님의 말씀대로 살지 못했습니다. 하나님이 계속 다스리시고 돌보시긴 해도 범죄로 말미암아 하나님과의 사귐이 막히고 인간은 죄의 권세에 매여 살게 되었습니다. 하나님 나라는 더는 누구에게나 허용된 곳이 아니라 오히려 세상에 감추어져 오직 하나님의 뜻에 순종하는 사람에게만 계시하는 나라가 되었습니다. 하나님의 다스림을 받는 곳이니 누구든지 하나님의 나라 안에 있고 그 나라의 복을 받지만, 그 나라를 경험하고 그 나라의 복을 기쁨과 감사함으로 누리는 건 오직 순종하는 사람에게만 허용되었습니다.

인간의 역사는 한편으로는 하나님 나라 안에서 하나님의 영광에 합당하게 반응하며 사는 사람의 역사이면서, 다른 한편으로는 하나님의 다스림을 받고 살면서도 아무런 반응을 보이지 않고 오히려 하나님이 아닌 다른 것에 반응하며 사는 사람의 역사입니다. 전자는 믿음의 역사로 성령의 인도함에 따른 역사이고, 후자는 세속사로 자기 욕망을 따라 산 역사입니다. 두 역사는 하나님의 다스림과 돌봄에 대한 서로 다른 반응의 결과입니다. 하나님의 다스림과 돌봄에 어떻게 반응하느냐에 따라 역사는 달라지고, 그 결과 구원과 심판으로 갈라집니다.

이 땅에서 하나님 나라는 창조 이후 없었던 적이 없었고, 비록 눈에 보이진 않아도 언제나 현존하는 나라입니다. 설령 믿음이 있어도 볼 수 없고 누리지 못할 수도 있는데요. 왜냐면 하나님 나라는 결단코 사람에 의해 규정되지 않고 오직 하나님의 주권에 따라서만 세워지기 때문입니다. 이걸 오해하여 하나님 나라를 특정하려고 하거나 혹은 미래의 나라로만 여기는 건 잘못입니다. 후기 유대교에서 이런 생각은 묵시 형태로 광범위하게 퍼졌습니다. 예수님은 이 잘못을 수정하고자 올바른 하나님 나라를 가르치셨습니다. 하나님 나라는 세상에 이미 존재할 뿐 아니라 권능으로 작용한다는 사실을 인격과 사역을 통해 보여주신 거죠. 이와 함께 예수님은 자신이 하나님의 아들로서 메시아임을 선포하였습니다. 사람들이 이 사실을 받아들이지 않았다는 건, 하나님 나라를 유대 묵시록 전통에 따라 미래의 나라로만 믿었다는 것이고 예수님을 하나님의 아들이며 메시아로 받아들이지 않았다는 겁니다. 간단히 말해서 하나님 나라는 현존했으나 사람들은 그 나라를 인지하지 못했습니다. 비록 식민지 상태에 있더라도 지금 하나님 나라의 백성으로서 살기를 원하셨지만, 그들은 메시아의 오심과 함께 임할 나라에 들어가는 데에만 혈안이 되었습니다. 이런 의미에서 '어떻게 해야 영생을 얻을 수 있는지' 이에 관해 묻는 건 당대 유대인에게 흔한 질문이었습니다. 관건은 세상 속에 현존하는 나라든 다가오는 나라든 그것이 하나님 나라임을 인지하는 것인데요. 이를 위해 필요한 건 예수 그리스도에 대한 믿음과 제자도입니다.

도래하는 하나님 나라

이어지는 글에서는 특히 도래하는 하나님 나라에 관해 좀 더 살펴보도록 하겠습니다.

성경은 하나님 나라와 관련해서 여러 동사를 사용합니다. 가까이 왔다(마 3:2), 보다(요 3:3), 들어가다(마 5:20), 침노하다(마 11:12) 등입니다. 이 모든 건 이미 예수 그리스도를 통해 계시한 하나님 나라를 전제합니다. 예수 그리스도 안에서 성령을 통해 현재 부분적으로 경험할 수 있지만, 무엇보다 장차 온전한 형태로 임할 것을 염두에 둔 표현입니다. 바울은 아들의 나라(골 1:13)라는 표현도 사용했습니다.

"가까이 왔다" 동사는 묵시 전통에 따른 기대를 전제하는 표현입니다. 오랫동안 기대해온 하나님의 나라가 시기적으로 가깝다는 사실을 환기합니다. 그러나 하나님 나라의 현존을 의미하는 것으로 이해하는 것이 옳습니다. 세례 요한은 예수님을 염두에 두고 말했고, 예수님은 자기 사역을 통해 현실로 나타날 것으로 확신했습니다.

'보다' 동사는 '안다'의 의미가 있습니다만, 지각 동사를 사용한 건 하나님 나라가 비록 온전한 형태로는 아니라도 지각할 수 있다는 것이며 물질적인 것과 무관하지 않음을 의미합니다.

'들어가다' 동사는 하나님 나라가 일정한 공간을 점유한다는 사실과 그것의 안팎이 구분된다는 걸 시사합니다. 공동체의 구역을 염두에 둔 표현이기도 하는데요. 공동체에 대한 현실 경험과 깊은 관련성을 드러냅니다.

'침노하다' 동사는 하나님 나라를 두고 경쟁이 일어난다는 사실을 말합니다. 하나님 나라를 향한 열정을 표현하기보다는 진짜와 가짜의 경쟁이라고 볼 수 있습니다. 가짜가 진짜를 왜곡하고 거짓으로 진실을 포장하며, 진실을 황폐케 하는 일이죠. 모든 경쟁에선 승자와 패자가 발생합니다.

결국 이 동사들은 하나님 나라의 백성과 그렇지 않은 자를 구분할 목적으로 사용되었습니다. 하나님 나라를 기대하는 사람이 있고, 전혀 무관하게 사는 사람이 있다는 거고요. 또한 하나님 나라를 경험할 수 있는 사람이 있고 그렇지 못한 사람이 있다는 겁니다. 무엇보다 하나님 나라에 대한 선포에 어떻게 반응하느냐에 따라 참 그리스도인과 그렇지 않은 사람이 구분됩니다. 그러므로 하나님을 인정하길 거부하는 세상을 향해 하나님 나라를 선포한다는 건 그 자체가 심판의 과정입니다. 선포할 때 어떻게 반응하느냐에 따라 결과가 갈리기 때문입니다.

between already and not yet

하나님 나라가 도래할 때는 이미 완성된 형태로 우리에게 옵니다('주의 기도' 참고). 그러나 우리가 경험하는 건 언제나 그것의 부분입니다(고전 13:9-12). 예수 그리스도의 오심으로 하나님 나라가 **이미** 세상 가운데 있음이 나타났고, 예수를 그리스도로 믿는 자에게 **이미** 일어난 일이기에 믿는 자는 지금 이곳에서 성령을 통해 경험할 수 있습니다. 그런데 믿는 자라도 천국을 경험하는 건 **아직** 부분일 뿐입니다. 하나님과 화목하였으나 이 땅에선 여전히 죄인이기 때문입니다. 예수께서 다시 오셔서 당신의 나라를 완전한 형태로 계시하시고 믿음을 온전케 하신 후에야 비로소 그리스도인은 그 나라를 온전히 경험할 것입니다.

우리가 늘 하나님 나라를 갈망하며 산다 해도 그것의 도래는 오직 하나님의 주권에 달려 있습니다. 설령 그 나라가 우리 가운데 실재한다 해도 온전하지 않은 형태로 경험될 뿐이고요. 또한 경험되는 것 같다가도 전혀 다른 모습으로 돌변하여 경험의 단서를 놓치기도 합니다. 예수님은 하나님 나라에 관해서는 항상 비유로 말씀하셨습니다. 그래서 "하나님 나라는 OO이다"라고 정의할 수 없고 임하는 때와 장소를 특정할 수도 없습니다. 이건 예수님이 직접 말씀하신 바인데요. 본인은 물론이고 하늘의 천사도 모르고 오직 아버지만 아시는 일이라 말씀하셨습니다(마 24:36). 우리는 복음서의 하나님 나라에 관한 비유를 통해 짐작하여 기대할 수 있을 뿐입니다.

하나님 나라는 그 도래의 때를 알 수 없을 뿐 아니라 우리 가운데 임해도 인지하거나 경험하는 일이 쉽지 않습니다. 예수 그리스도와 더불어 이미 임했으나 땅에서는 언제나 감추어져 있어서 그걸 발견하는 자 곧 그것을 보는 자, 아는 자, 경험하는 자만이 누릴 수 있습니다. 경험하기 전까지는 의심되거나 혹은 지각이 가능한 것으로 대체됩니다. 혹은 오직 소망과 기대의 대상으로만 존재할 뿐입니다. 설령 사람이 하나님 나라에 높은 가치를 두고 살아도 그 나라를 온전히 알 수 있는 기준이 없기에 누구도 하나님 나라를 정의할 수 없고 다만 약속의 성취를 기대할 수밖에 없습니다. 그렇다고 해서 이것이 항상 감추어진 상태로만 있는 건 아니라는 게 예수님이 제자들에게 말씀하신 천국 비유의 요지이지요. 감추어져 있으나 발견하는 사람이 있어서 그것으로 인해 기쁨을 누리는 자도 있습니다. 이건 성령의 은혜로 가능한 건데요. 어찌 되었든 천국은 이것 혹은 저것이라 특정할 수 없습니다. 특정할 수 있다면 그건 이미 천국이 아니라 천국에 대한 이념에 불과합니다.

"바리새인들이 하나님의 나라가 어느 때에 임하나이까 묻거늘 예수께서 대답하여 이르시되 하나님의 나라는 볼 수 있게 임하는 것이 아니요

또 여기 있다 저기 있다고도 못하리니 하나님의 나라는 너희 안에 있느니라"(눅 17:20-21).

하나님 나라 경험은 어떻게 가능한가?

그런데 만일 특정할 수 없는 것이라면 도대체 하나님 나라를 경험하는 건 어떻게 가능한가요? 이 질문에 누구도 확실하게 대답하여 말할 수는 없습니다. 오직 예수님이 말씀하신 것만을 바탕으로 생각하면("너희 안에 있다") 하나님 나라는 개인보다는 주로 공동체 경험을 통해 확인됩니다. 개인적인 경험이 얼마든지 가능하지만, 공동체를 배제하면 독단에 빠질 우려가 큽니다. 이렇게 되면 하나님 나라가 아니라 각자의 세계에 빠지는 거죠. 공동체에서 특정인이 부당하게 배제된 불의한 상황—예컨대 박해의 상황이나 각종 차별—을 제외하면 주관적 경험을 하나님 나라 경험으로 일반화하는 건 삼가야 합니다. 오히려 공동체 경험 곧 너와 나 혹은 우리 안에서 일어나는 사건을 매개로 일어나는 공통 경험을 바탕으로 개인적인 경험을 확인해야 합니다. 좀 더 구체적인 형태는 서로 사랑하고, 서로 돕고, 서로 세워주는 삶입니다. 그래서 예수님은 하나님 나라는 너희 안에, 너와 나 사이의 유기적 관계 안에 있다고 말씀하신 겁니다.

관건은 지금 이곳에 우리 가운데 임하는 하나님 나라를 경험하며 사는 것일 텐데요. 질문을 다시 반복한다면, 도대체 이 땅에서 우리가 하나님 나라를 경험하는 건 어떻게 가능한가요? 밭에 감춰진 보물을 발견하거나 값진 진주를 찾는 방법은 없을까요? 세상에서 하나님 나라를 경험한다는 건 무엇을 의미할까요? 누구는 경험하고 누구는 경험하지 못하는 건 무엇 때문인가요?

아마도 그리스도인이라면 누구나 한 번쯤은 이런 질문으로 고민을 해보았을 겁니다. 안타까운 건요. 잘못된 대답이 만연해 있는 겁니다. 그 대답은 하나님 나라를 물질적 번영과 같게 보거나 물질을 신뢰하는 태도 그리고 기복 신앙 등이 대표적입니다. 이것은 복음을 왜곡하고 교회를 세상의 볼모가 되게 하는 주범입니다.

그런데 사실 하나님 나라에 그런 면이 없진 않습니다. 씨뿌리는 비유에서 30배, 60배, 100배의 결실을 말하는 것이나 누룩과 겨자씨 비유에서 볼 수 있듯이 처음에는 작게 시작했어도 결과의 풍부함과 번영은 하나님 나라의 현실과 성장 과정을 반영하는 겁니다. 또한 예수님이 오신 이유가 양들이 생명을 얻되 더 풍성하게 얻게 하려는 데 있다고 말씀하신 적도 있습니다.

그렇다고 해서 양자를 동일시하는 건 큰 오해입니다. 잘못된 신앙으로 이끄는 주범이기에 세심한 주의가 필요합니다. 풍성한 결실과 풍부함 혹은 번영은 하나님 나라의 현실에 대한 사인(sign)이긴 하나 사실 그건 하나님 나라에 대한 헌신을 고무하고 위로하기 위한 것일 뿐 하나님 나라의 본질을 말하는 건 절대 아닙니다.

오히려 이 질문과 관련해서 올바른 대답은 종말과 관련한 이사야 선지자의 예언과 사도 바울이 로마 교회에 보내는 편지에서 살펴볼 수 있습니다.

말일에 여호와의 전의 산이 모든 산꼭대기에 굳게 설 것이요 모든 작은 산 위에 뛰어나리니 만방이 그리로 모여들 것이라 많은 백성이 가며 이르기를 오라 우리가 여호와의 산에 오르며 야곱의 하나님의 전에 이르자 그가 그의 길을 우리에게 가르치실 것이라 우리가 그 길로 행하리라 하리니 이는 율법이 시온에서부터 나올 것이요 여호와의 말씀이 예루살렘에서부터 나올 것임이니라 그가 열방 사이에 판단하시며 많은 백성을 판결하시리니 무리가 그들의 칼을 쳐서 보습을 만들고 그들의 창을 쳐서 낫을 만들 것이며 이 나라와 저 나라가 다시는 칼을 들고 서로 치지 아니하며 다시는 전쟁을 연습하지 아니하리라(사 2:2-4).

하나님의 나라는 먹는 것과 마시는 것이 아니요 오직 성령 안에서 의와 평강과 희락이라(롬 14:17).

이사야 본문은 유대 묵시록 전통에 따른 말씀입니다. 여호와 하나님이 최고신으로 등극하실 것이며, 하나님은 말씀을 통해 다스리시되 열방이 그에게로 와서 그의 가르침을 받으며 그를 섬길 것이고, 땅에서는 모든 전쟁이 그치고 평화가 있을 것이라는 겁니다. 예수님이 태어나실 때 천사들의 노래를 기억한다면 이 예언이 누구를 겨냥한 것인지 파악할 것입니다.

> **지극히 높은 곳에서는 하나님께 영광이요 땅에서는 하나님이 기뻐하시는 사람들 중에 평화로다(눅 2:14).**

다시 말해서 하나님 나라를 경험하는 건 예수 그리스도와의 관계에서 일어난다는 겁니다. 예수 그리스도와의 관계가 바르게 정립되는 삶의 시작을 가리켜 거듭남 곧 중생이라 말한다면, 하나님 나라는 중생한 사람에게 허용된 경험입니다. 예수 그리스도를 믿고 따르는 것, 곧 그의 말씀에 순종함으로 우리는 하나님 나라로 초대받습니다. 순종한다고 해서 당연한 권리로 요구할 수 있는 건 아니고 순종한 사람이 하나님 나라를 경험하도록 허락을 받는다는 겁니다. 달리 말하면 하나님 나라가 도래할 걸 기대하는 건 순종하는 자에게 주어진 특권입니다. 순종하지 않는 자는 기대할 수 없고 실제로 기대하지도 않습니다. 기대한다 해도 그건 이념이며 공상이요 망상일 뿐입니다. 아무리 하나님 나라라고 주장해도 땅의 나라일 뿐입니다.

한편, 바울이 로마서에서 말한 건 제사 음식을 먹고 마시는 문제로 인해 하나님 나라의 역사를 방해하지 말라는 뜻입니다. 왜냐면 그리스도 안에 있는 사람이 제사 음식을 먹고 마신다고 해서 우상 혹은 우상 숭배하는 사람들과 사귐을 실천하는 건 아니기 때문입니다. 설령 당대의 관념(민족과 신이 떼려야 뗄 수 없는 관계에 있다는 믿음)에 따르면, 그렇게 생각할 여지가 충분하다 해도 실제로는 전혀 그렇지 않다는 겁니다. 여기서 성령 안에서 나타나는 것이라고 해서 영적인 세계로만 이해하면 안 됩니다. 하나님 나라는 비록 특정할 수는 없으나 이 땅에서 영과 혼과 몸 모두를 포괄하는 세계이며 무엇보다 유기적인 상호작용이 일어나는 곳입니다. 사도 바울이 말한 '성령 안'이라는 표현은 그리스도 이후의 시기를 전제하는데요. '그리스도 안'과 같은 의미이며 그리스도를 믿는 사람이 하나님의 다스림과 돌봄을 받고 하나님과 교제하고 하나님을 예배하는 방식을 말합니다. 성령 충만은 성령의 인도를 온전히 받는 상태를 말합니다.

세상에서 하나님 나라를 경험한다는 것

그렇다면 이 땅에서 하나님 나라를 경험한다는 건 무엇을 의미하나요?

이 땅에서 하나님 나라를 경험한다는 건 열방이 하나님을 믿는 것을 보는 것이고, 하나님을 아는 지식이 세상 끝까지 퍼지는 것을 확인하고, 그리스도 안에서 의와 평강과 희락을 누리는 겁니다. 하나님 나라에 대한 경험은 복음이 널리 전해져 하나님의 약속이 성취되는 것에서 비롯합니다. 내게서 비롯되는 것이 절대 아니라는 거죠.

이걸 조금 더 구체적으로 말해보면요. 이 땅에서 하나님 나라를 경험한다는 건 일상 경험과 무관하지 않습니다. 일상이란 날마다 반복되는 생활을 말합니다. 흔히 루틴(routine)과 함께 연상하여 사람들에게 부정적인 의미로 각인되어 있고, 특히 이분법적 사고에 젖은 사람들은 세속의 영역으로 여겨 거룩하지 못한 삶을 대변하는 것으로 이해합니다. 그러나 일상은 몸을 가진 인간이 살아가는 시간과 공간 그리고 삶의 패턴입니다. 이동영은 『몸짓의 철학』(지노, 2022)에서 인간의 일상은 먹고, 자고, 싸고, 하고, 듣고, 말하는 것들로 구성되어 있다고 봅니다. 저자가 일상을 이런 행위들로 환원한 건 아닙니다. 다만 일상은 이런 행위들을 통해 이루어지는 인간의 삶이라는 거죠.

그런데 일상은 늘 관계 안에서 이루어집니다. 사람과의 관계, 동물과의 관계, 자연과의 관계 그리고 하나님과의 관계까지도 포함합니다. 하나님 나라 경험이 일상과 무관하지 않다는 건요. 이런 관계들을 매개로 일어난다는 거죠. 그렇다고 모든 관계가 다 하나님 경험이 되는 건 아닙니다. 앞서 언급했듯이, 믿음을 갖고 순종하는 자는 일상에서도 하나님 경험을 합니다. 그건 누구와 관계를 갖든 복음에 합당하게 그리고 참사랑으로 반응하며 사는 삶이기 때문입니다. 그 관계에서 인간은 희로애락을 느낍니다. 이것 때문에 감사하며 찬송하고 혹은 고난을 겪으며 애통하고 혹은 기대와 소망 가운데 지내는데요. 하나님과 관계 안에 있는 사람에게는 긍정적이든 부정적이든 이 모든 게 하나님 경험입니다.

이 글에서 나는 특히 그리스도인이 하나님의 다스림을 받는 일 곧 하나님 나라로 초대된 사람으로서 하나님 나라를 경험하는 다섯 가지 방법을 소개하려고 합니다. 그 이상을 말할 수 있으나 독자들의 독서 편의를 위해 가능한 한 다섯 가지로 수렴하여 다루려 합니다. 회개, 하나님의 다스림, 하나님의 돌보심, 하나님과의 사귐, 온전한 예배입니다.

이 다섯 가지는 모두 하나님과 인간 그리고 인간과 인간의 상호작용을 전제하고 있고 내용이 서로 깊이 연결되어 있기에 설명할 때 어느 정도 내용의 반복을 피할 수 없습니다. 그리스도인이 '세상에서 하나님 나라를 경험하는 다섯 가지 방법'이라 말할 수 있습니다. 예수 그리스도를 믿고서 죄인임을 고백하고 참회하면서 하나님에게 방향을 돌릴 때(회개), 역사에서와 일상에서 사건과 말씀을 통한 하나님의 다스림을 인정하고 받아들일 때(다스림), 성령님과 공동체와 이웃(혹은 반려동물)을 통한 그분의 돌봄을 받아들이고(돌봄), 삼위 하나님의 사귐 안으로 초대되어 공동체 안에서 사귐을 누리고(사귐), 교회와 세상 모두에서 온전한 예배가 이루어질 때(예배), 그때 그곳에서 우리는 숨겨진 보물을 발견하고 값진 진주를 찾아내면서 하나님 나라를 부분적으로나마 경험합니다. 그때 비로소 우리는 비록 작게 보이는 것이라도 그것에 높은 가치를 두고 사는 그리스도인이 됩니다. 그때 우리는 이곳에서 하나님의 영광을 나타내며 살고 일상에서 이미 하나님 나라의 삶을 살게 됩니다. 반드시 그러하다고 단정하는 건 아니지만, 성경에 따르면 그럴 가능성이 큽니다. 이어지는 글을 통해 이에 관해 설명하겠습니다.

2장

일상과 기독교 영성

2장 핵심 내용

일상에서 하나님 나라를 경험하는 일은 일상의 삶에서 하나님을 만나는 경험입니다. 이 일이 가능하기 위해선 무엇보다는 기독교 영성이 갖추어져야 합니다. 현실에서 하나님과 그분이 행하시는 걸 인지하는 능력이 영성입니다. 영성은 믿음 위에 부어진 특별한 능력인 거죠. 일상을 하나님과의 관계에서 살기 위해 꼭 필요한 능력입니다.

일상에서 하나님 나라를 경험하기

하나님 나라를 경험하는 다섯 가지 방법을 말하기에 앞서 일상과 기독교 영성에 관해 언급하는 것이 필요하다는 생각이 듭니다. 왜냐하면 현존하는 하나님 나라를 경험하든 아니면 도래하는 하나님 나라를 경험하든, 그건 누구에게나 허락된 경험이 아니기 때문입니다. 지각 경험을 배제하지 않지만, 그렇다고 지각에만 의존하지 않습니다. 하나님 나라 경험은 지각 경험을 넘어섭니다. 그러므로 영성을 말해야 합니다. 그렇다고 해서 일상을 벗어나거나 초월적인 영성을 말하는 건 아닙니다. 일상에서 작용하는 영성에 관한 것입니다.

일상에서 하나님 나라를 경험하는 일은 제가 이미 오래전에 시작한 과제였었습니다. 제가 스스로 이름 붙인 '영화관에서 만나는 하나님' 혹은 '기독교적 영화보기'가 그것입니다. 수년에 걸쳐 기독교 잡지와 교계 신문에 글을 연재했고, 가장 최근에는 CBS 대전 라디오 방송에서 2022년 9월부터 2023년 2월까지 매주 수요일 〈영화 속에서 만난 주님〉(영만주) 코너에서 영화를 통해 하나님을 만난 필자의 경험을 나누었습니다. 상업영화이고 소재가 세속적이라 해서 교회로부터 외면받았던 영화들 그리고 비록 외면받지는 않았어도 영화 감상과 의미를 소통하는 것으로 만족했던 영화들을 선별하여 기독교적으로 감상할 기회를 제공하기 위함이었습니다.

영화를 통해서 하나님을 만나는 경험은 일상에서 하나님 나라를 경험하는 일에서 매우 중요한 출발점이었고, 이를 계기로 일상을 좀 더 깊이 또 집중해서 볼 필요가 있음을 자각하였고 꾸준한 노력과 훈련을 통해 일상에서도 하나님을 만나는 안목을 심화할 수 있었습니다. 물론 만나고 싶다고 해서 만날 수 있는 분이 아니고 내 눈에 보인다고 해서 그분이 바로 그 하나님이시라고 장담할 수 없는 분이기에 일상의 경험을 통해 하나님을 만나는 일은 반드시 신학적으로 성찰되고 통제되어야 했습니다. 무엇보다 주관적인 경험을 확대해석하는 오류를 피하려 일상 경험에 대한 신학적 비판은 필요했습니다.

영화를 통해 하나님을 어떻게 만날 수 있는지 물어오시는 분들이 적지 않아 이에 관한 글을 쓰기도 했는데요. 『기독교와 영화』, 『영화 속 기독교』는 이런 요청에 따라 쓴 것 중에 잡지와 신문에 기고했던 글만을 따로 모아서 출판한 책들입니다. 물론 신학자로서 영화 신학을 생각하지 않을 수 없었기에 『영화를 통한 성찰과 이해 그리고 +α』, 『대중문화 영성과 기독교 영성』, 『기독교 영화미학과 신학적 미학』, 『영화 속 인간 이해』 이런 제목의 책들도 출판하였습니다.

대중문화 영성과 기독교 영성

일상에서 하나님 나라를 경험하는 일은 일상의 삶에서 하나님을 만나는 경험입니다. 그래서 이 일이 가능하기 위해선 무엇보다는 기독교 영성이 갖추어져야 합니다. 물론 일상이 중요하다고 해서 대중문화 영성과 기독교 영성의 차이를 간과해서는 안 됩니다.

사실 대중문화 영성은 일상에 집중하여 의미를 파악하고 의미 있는 일상의 삶을 위해 공헌하는 바가 큽니다. 그러나 평범한 것에서 비범함을 볼 안목을 열어준다고 해서 그것을 무조건 기독교 영성으로 여길 수는 없습니다. 기독교 영성은 의미의 세계 너머 하나님의 존재와 그의 나라를 지향하기 때문입니다.

기독교 영성을 나는 '하나님과 인간의 바른 관계 맺음을 위해 성령의 역사에 따라 그리스도인 안에 형성된 하나님의 능력'으로 이해합니다. 하나님이 주시는 것이기에 '하나님의 능력'이라 말했습니다. 그러나 그건 인간 안에 형성되는 것이기에 '영성'이라 표현한 겁니다. 그렇지 않으면 달리 말했어야 할 겁니다.

비록 믿음이 있어도 영성이 없으면 일상에서 하나님과의 관계를 갖지 못하고 누리지 못합니다. 믿음은 의의 능력 곧 하나님과의 관계를 회복하는 능력으로 하나님이 주시는 선물이지만, 그렇다고 해서 믿는 모든 사람이 현실에서 하나님과 그분이 행하시는 걸 인지하는 건 아닙니다. 이걸 인지하는 능력이 영성입니다. 영성은 믿음 위에 부어진 특별한 능력인 거죠. 특히 일상을 하나님과의 관계에서 살기 위해 꼭 필요한 능력입니다. 하나님이 주신 선물이라고 해서 인간의 노력이 전혀 필요 없는 건 아닙니다. 절대적으로 필요합니다. 비록 선물로 주셨어도 우리 안에 영성이 형성되는 건 일상을 주의 깊게 관찰하는 노력과 하나님을 알려는 노력 그리고 하나님의 말씀대로 살려는 열정이 결합할 때입니다.

기독교 영성은 다섯 가지 의미로 이해할 수 있습니다. 일상에서 하나님의 행위를 인지할 능력. 일상에서 하나님의 행위와 인간의 행위를 분별할 능력, 일상에서 하나님의 존재와 그분의 행위를 수용할 능력, 일상에서 얻은 하나님 경험을-말과 글과 리듬과 그림과 몸으로-표현할 능력 그리고 일상에서 기도하는 능력 곧 수많은 갈등과 혼돈으로 가득한 일상에서 하나님을 신뢰하고 의존할 능력입니다.

기독교 영성은 믿음 없이는 형성되지 않는 것이나 믿는다고 해서 모두에게 갖춰지는 건 아닙니다. 교육과 훈련 그리고 노력 없이 형성되는 건 아니라는 뜻이지요.

세상에서 수많은 일을 경험하며 살면서 그것이 하나님 나라의 경험인지 아닌지를 분별하고 그 경험을 통해 하나님과의 사귐을 지속해서 누리기 위해선 영성이 있어야 합니다. 평범한 일상에서 비범함을 발견하고, 세상에 현존해 있는 하나님 나라를 경험할 수 있기 위해 필요한 것, 그것이 바로 기독교 영성입니다. 이와 관련해서는 다음의 책이나 글을 참고하십시오. 『대중문화영성과 기독교영성』(한남대출판부 글누리, 2010), "하나님의 능력으로서 영성의 다섯 가지 의미"(「목회와 신학」 2010년 5월, 206-219).

일상에서 하나님 나라를 경험하는 삶의 길로 제시하는 다섯 가지 곧 회개, 하나님의 다스림, 하나님의 돌봄, 하나님과의 사귐, 온전한 예배는 필자가 일상에서 하나님을 만나는 경험에서 얻은 깨달음을 바탕으로 선별한 것입니다. 일상의 사건을 기독교 영성의 다섯 의미에 따라 성찰한 것을 신앙 언어로 설명한 것이라 보면 될 것입니다.

현존하는 하나님 나라를 경험하는 일에 관한 것이니 먼저 하나님 나라와 세상에 관한 묵상으로 시작하겠습니다.

3장

하나님 경험과 세상에 대한 묵상

3장 핵심 내용

천국은 여호와께서 참 하나님으로 인정되는 나라이며, 세상과 전혀 무관하지 않지만, 인간에 의해 결단코 소유되지 않는 나라입니다. 세상은 하나님의 것이기 때문입니다. 천국은 창조와 더불어 이미 세상에 실재하고 있으나 인간은 그것의 현실과 작용을 깨닫지 못해 미래의 나라로만 인지하였습니다. 예수 그리스도의 계시로 그 나라는 한편으로는 이미 세상 안에 은폐된 채 존재하고 있으나 다른 한편으로는 약속된 것이라는 점에서 장차 도래할 나라로서 미래적인 의미가 있음이 밝혀졌습니다. 약속의 형태로 주어졌다는 점에서 천국은 인간에 의해서가 아닌 오직 하나님에 의해 성취되는 나라입니다. 인간의 노력과 상관없이 오직 주권에 따라 임함으로써 전적 타자의 형태로 경험되지만, 인간이 순종할 때 현실이 될 가능성이 큽니다. 가능성만 있을 뿐 누구도 보장하지 못합니다. 인간의 순종을 통해 세상에서 경험되기 때문에 세상 밖의 존재로만 생각해서는 안 됩니다. 또한 미래적인 것이지만, 순종을 매개로 현실이 되기에 세상을 변화시키는 힘으로 경험됩니다.

논쟁 중인 지옥

사람들은 천국을 생각할 때 상대적으로 지옥을 함께 생각합니다. 혹은 그 반대의 경우도 일어납니다. 중세 교회는 끔찍하고 혐오스럽고 두려움을 유발하는 지옥의 모습을 보여주면서 반대급부로 천국을 간절히 열망하게 했습니다. 사랑하는 사람이 죄를 짓고 죽었다면 그래서 그 죄에 대한 형벌을 면하거나 연옥에 머무는 시간을 줄일 방법이 있다면 무슨 일이든 못하겠습니까? 이런 식이었습니다. 지옥에 대한 두려움과 천국에 대한 욕망을 잘 알았던 당시 가톨릭 지도자는 구원을 상품화하여 결과적으로 어렵지 않게 면죄부를 판매할 수 있었습니다.

종교개혁 이후에는 지옥에 대한 두려움보다는 천국에 대한 희망이 더욱 강조되었습니다. 그러함에도 불구하고 천국은 언제나 지옥과 비교되어 설명되었습니다. 그것이 천국에 대한 갈망에 불을 붙이는 지름길이었기 때문입니다.

17세기 작가 밀턴(John Milton)은 『실락원』에서 악마와 천사, 천국과 지옥에 대한 묘사를 통해 하나님의 뜻이 정당하게 실현되는 모습을 보여주었죠. 악인은 심판받고 선인과 의인은 구원과 상급을 받는다는 사실을 이미지화했고, 이건 후대의 천국과 지옥 이미지에 결정적 영향을 끼쳤습니다.

스위스 출신의 신학자로 신학적 자유주의의 거센 물결의 흐름을 복음주의로 바꾸었다고 평가받는 칼 바르트(Karl Barth)는 지옥은 내세에서 겪을 불행한 상태가 아니고, 다만 현세에서 겪는 불행한 상태라고 보았습니다. 달리 말해서 그에게 지옥이란 창조의 목적에 반하고 인간의 본질과 모순된 상태로 존재하는 것입니다. 그에게 하나님 나라는 가까이 있을 뿐 아직 온전하게 현실이 되지 않은 나라입니다. 하나님 나라는 오직 하나님의 소관이기에 인간은 다만 기대하고 기다리며 순종하는 가운데 불현듯 임하는 하나님 나라를 전적 타자로 아주 낯설게 경험할 수 있을 뿐입니다.

희망의 신학자로 널리 알려진 몰트만(Jürgen Moltmann)은 하나님 나라를 현실 개혁을 위한 단서로 삼았습니다. 정확하게 말하면 하나님의 약속이 성취된 세계입니다. 하나님은 약속에 따라 행하시기에 약속은 하나님이 장차 이루실 현실을 지시하는데 이건 역으로 현실의 결핍을 알려주는 지표가 됩니다. 온전한 나라를 원하는 인간이 무엇을 소망하고 무엇을 실천해야 할 것인지를 알려주는 지시인 거죠. 몰트만에게 지옥은 하나님의 약속에 반하는 삶이 현실이 된 세상입니다. 그건 영원하지 않은 것이고 교육 혹은 정화를 목적으로 이용되는 이미지일 뿐입니다.

가톨릭 신학자로서 기독교 미학의 체계를 세운 폰 발타자르(Hans Urs von Balthasar)는 하나님은 누구도 지옥에 보내지 않으나 하나님의 사랑을 끝까지 거부하는 자는 스스로 정죄하는 것이라 말했습니다. 이건 지옥을 부정하는 게 아니라 하나님의 사랑을 강조하는 말입니다. 그러나 겉보기에는 마치 지옥을 부정하는 듯이 보여서 마녀사냥을 받아야 했는데요. 『지옥 이야기』를 통해 논란을 잠재우는 해명의 글을 써야 했습니다.

이 시대의 대표적인 기독교 작가로서 강한 영향력을 행사하고 있는 루이스(C. S. Lewis) 역시 예외는 아닙니다. 그는 『천국과 지옥의 이혼』에서 인간의 탐욕을 매개로 천국과 지옥을 묘사했습니다.

그러나 천국의 대조적인 존재로 성경이 주목하고 있는 건 사실 지옥보다는 세상입니다. 그러하기에 리처드 니부어(Richard Niebuhr) 역시 그가 그리스도와 문화를 대조적으로 말했을 때 문화를 일종의 '세상'의 의미로 이해했습니다. 간혹 세상에서의 삶이 끔찍하다고 해서 세상을 지옥으로 생각하는 일이 있지만요. 그건 세상에 대한 하나님의 사랑을 은연중에 부정하는 일입니다. 아무리 힘들다고 해도 세상은 결코 지옥이 아닙니다. 하나님의 다스림을 받는다는 점에선 세상이나 지옥이나 마찬가지지만, 세상은 구원의 가능성이 있으나 지옥은 그렇지 못하기 때문입니다. 사실 지옥은 정의상(by definition) 하나님의 다스림을 거절하는 사람들이 머무는 곳입니다. 그러므로 천국에 대한 이해나 혹은 세상에 대한 이해에서 천국과 세상의 상호작용을 이해하는 건 매우 중요하며 심지어 이는 하나님 나라 이해를 위해 구성적(constructive)이라 말할 수 있습니다. 어느 한쪽에 대한 이해 없이 천국 혹은 세상에 대한 이해는 만족스럽지 못합니다.

천국에 대한 다양한 이해

천국과 세상의 관계에 대한 이해는 궁극적으로 하나님 이해로 이어지지만요. 그리스도인의 삶을 위해서도 의미가 있습니다. 세상 속 그리스도인의 정체성을 규정하고 신앙생활의 모습을 규정하는 일에 결정적이기 때문입니다. 무엇보다 천국에 대한 바른 이해와 태도가 세상에서의 삶을 결정짓고 세상 속의 삶 역시 천국에 대한 이해에 대단히 중요한 변수가 됩니다.

천국에 대한 다양한 이론에 비추어볼 때, 양자의 관계는 섣불리 규정할 수 없을 정도로 매우 복잡합니다.* 이걸 단순화시켜 보면 크게 몇 가지 방향으로 정리됩니다.

첫째, 천국을 사후 세계로 이해하는 것입니다.

살아있을 때는 결코 경험하지 못하거나 혹은 부분적으로 경험할 뿐이며 오직 예수 그리스도를 믿는 자만이 죽은 후에 들어갈 수 있다는 거죠. 이런 생각은 현실에서의 삶보다는 사후 세계에 더 큰 비중을 둠으로써 상대적으로 현실 문제와 관련해서는 소극적인

* 김태섭, "한국교회의 천국(하나님 나라)에 대한 오해와 이해", 「종교와 문화」 제30호(서울대 종교문제연구소, 2016), 99-130.

태도로 이어집니다. 심하면 비현실적이고 비정치적이고 비사회적인 삶으로 나타납니다. 현실 도피적인 신앙이 대체로 이런 이해에서 비롯합니다.

둘째, 천국은 이념의 세계이며 물질적인 세상과 대립 관계에 있다는 겁니다.

세상에 존재하는 실체는 아니고, 다만 현실의 결핍을 지시하는 하나의 비판원리일 뿐이며, 또한 세상의 진보를 이끄는 원리일 뿐이라는 거죠. 이런 이해에서 천국에 대한 경험은 의미 경험 혹은 진리 경험으로 나타납니다. 이것은-설령 의도하지는 않았어도-천국을 하나의 이념의 세계, 곧 깨달음의 세계로 환원하는 것인데요. 각종 종교나 지식인층에서 흔히 발견됩니다. 과거 유행했던 영지주의의 현대적 버전이라 볼 수 있습니다. 타 종교와의 관계에서 그리스도교 정체성을 잃게 하는 이론이 있는 경우 대체로 그 배경을 형성합니다.

셋째, 천국은 세상에서 실현된다는 겁니다.

이것은 세상이 천국으로 변할 수 있다는 전제하에서 천국의 실현을 위한 끊임없는 노력을 요구합니다. 인류의 진보에 관한 낙관적인 생각에 기반을 두고 있는데요. 계몽주의 시대에 사회진화론자들(social evolutionism)이나 독일의 문화개신교주의(Kulturprotestant-ismus)*에서 발견되는 사상입니다. 그러나 두 차례의 세계대전을 치르면서 그리고 최근에는 지구촌 환경의 파괴를 직면하면서 과학기술을 사용하는 주체인 인간의 탐욕을 심각하게 생각하게 되었고, 이를 계기로 과학의 발전과 기술의 진보에 대한 무한한 낙관주의적인 생각은 큰 회의에 부딪히게 되었습니다. 그 결과 인간이 변화하지 않는 한 인류의 무한한 진보를 통한 천국의 실현은 불가능한 것으로 여겨지고 있습니다. 디스토피아(dystopia: 암울한 미래 이미지)에 대한 불안과 염려가 이런 생각을 의심하게 합니다. 그러나 최근에 과학기술문명의 발달과 에큐메니즘에 힘입어 새롭게 제기되는 사상이기도 합니다.

넷째, 천국은 세상 안에 감추어진 보화의 형태로 존재한다는 겁니다.

천국은 비록 세상 속에 있지만, 그것의 향유는 누구에게나 허용되지 않고, 그것을 인식하는 특별한 실존 방식이 요구됩니다. 여기서 말하는 실존 방식이란 믿음 곧 제자도를 일컫습니다. 믿음은 가시적 세계인 현실에서 비가시적 세계인 천국을 인식하고 그것을 현실로 누리게 하는 능력입니다. 이런 입장은 세상과의 관계에서 천국의 가치와 의미를 설명하고는 있지만, 구체적인 공간과 통치로 구성되는

---

* 문화개신교주의는 근대문화와의 만남에서 기독교가 시대의 흐름에 매몰하지 않고 오히려 기독교가 가지고 있는 잠재적 능력을 십분 활용하여 근대문화를 새롭게 갱신하면서 동시에 기독교 신앙을 재형성하려는 시도를 기울였다.

존재의 의미는 충분치 못합니다.

다섯째, 천국은 초월적인 존재이지만 세상과 독립해 존재하는 것이 아니라 세상 안으로 침투해 들어온다는 겁니다.

천국은 어떤 의미에서든 세상과 동일시할 수 없습니다. 천국은 초월적이고 미래적이지만, 하나님의 뜻에 따라 선택한 때와 장소에 임합니다. 천국은 현재에 하나님의 다스림을 인정하고 받아들이는 실존적인 결단을 통해 경험할 수 있을 뿐입니다. 낯선 자로 혹은 전적 타자로 경험됩니다. 천국의 존재를 초월적인 존재로만 보지 않고 이념적으로만 이해하지 않는다는 점에서 앞의 입장들과 구별되며, 세상 안에서 실현되는 것이 아니면서도 또한 미래적이면서 사건을 통해 전적인 타자의 형태로 현재에 경험된다는 점에서는 초월적이면서도 내재적이며, 미래적이면서도 현재적 의미가 있다고 할 수 있습니다.

천국과 세상

천국을 이해하는 어려움은 모든 입장이 각각 성경적 근거를 주장한다는 사실에서 비롯합니다. 성경 해석의 다양성이 하나님 나라에 관한 다양한 생각으로 이어지는 건 당연합니다.

그러나 필자의 생각에 따르면, 천국은 여호와께서 참 하나님으로 인정되는 나라이며, 세상과 전혀 무관하지 않지만, 인간에 의해 결단코 소유되지 않는 나라입니다. 천국은 하나님의 것이기 때문입니다.

천국은 창조와 더불어 이미 세상에 실재하고 있으나 인간은 그것의 현실과 작용을 깨닫지 못해 미래의 나라로만 인지하였습니다. 예수 그리스도의 계시로 그 나라는 한편으로는 이미 세상 안에 은폐된 채 존재하고 있으나 다른 한편으로는 약속된 것이라는 점에서 장차 도래할 나라로서 미래적인 의미가 있음이 밝혀졌습니다. 약속의 형태로 주어졌다는 점에서 천국은 인간에 의해서가 아닌 오직 하나님에 의해 성취되는 나라입니다.

인간의 노력과 상관없이 오직 주권에 따라 임함으로써 전적 타자의 형태로 경험되지만, 인간이 순종할 때 현실이 될 가능성이 큽니다.

가능성만 있을 뿐 누구도 보장하지 못합니다. 인간의 순종을 통해 세상에서 경험되기 때문에 세상 밖의 존재로만 생각해서는 안 됩니다. 또한 미래적인 것이지만, 순종을 매개로 현실이 되기에 세상을 변화시키는 힘으로 경험됩니다. 천국과 세상의 관계를 이해할 때 고전적인 형태는 "already, but not yet"입니다. 이미 임하여 있지만, 그 온전한 형태는 아직 아니다, 이렇게 이해할 수 있는 뜻입니다.

그러므로 천국과 세상의 관계를 이해하려 할 때 다음 질문이 제기되는 것은 피할 수가 없습니다. '천국은 세상에서 어떤 방식으로 존재하는가?' 이 질문은 천국과 세상의 관계를 이해하는 데에 의미가 있습니다. 왜냐하면 그리스도인은 천국의 실존 방식을 이해할 때 비로소 그 나라에 속한 백성으로서 삶을 더욱 구체화할 수 있을 것이기 때문입니다. 이 질문을 나는 "내가 만일 지극히 행복하다면, 나는 지금 그 행복을 어떻게 살아낼 건가?" 이렇게 바꾸어 생각하였습니다. 또한 동시에 이런 질문으로도 가능합니다. "내가 만일 어려움 가운데 있다면, 그리스도인인 나는 그 삶을 어떻게 살아낼 건가?"

천국과 세상의 관계를 가장 잘 표현해주고 있는 건 요한복음 1장에서 말하고 있는 예수 그리스도와 세상과의 관계가 아닐지 싶습니다. 곧 세상으로 오신 예수님은 세상의 왕이시며 구세주로서 마땅히 환영받고 섬김을 받으실 분이셨습니다. 그러나 예수님은 섬김의

도를 보이셨고 당신의 백성들로부터 배척받으셨으며, 마침내는 로마 군에게 넘겨져 십자가에서 돌아가셨습니다. 예수님은 천국의 현존을 의미하기에 천국의 세상 속 존재 방식은 분명해집니다. 다시 말해서 천국은 세상에서 억압되고, 배척되고, 그 가치가 송두리째 빼앗긴 상태로 존재하는 거죠. 지배하는 나라가 아니라 섬기는 나라로, 영광의 모습이 아니라 고난의 모습으로, 가진 자의 모습이 아니라 빼앗긴 자의 모습으로 하나님의 통치와 하나님의 주님 되심을 드러냅니다. 이렇게 이해하면요. 우리가 고난 가운데 "도대체 하나님 나라가 어디에 있느냐?" 이렇게 물을 때, 바로 그때가 하나님 나라가 모습을 드러낼 때이고 그곳이 하나님 나라가 임한 곳일 수 있습니다.

또 하나의 본문은 마태복음 11:12입니다.

세례 요한의 때부터 지금까지 천국은 침노를 당하나니 침노하는 자는 빼앗느니라

천국이 세상에 의해 침노를 당해왔다는 말입니다. 천국이 하나님이 통치하시는 나라임을 생각한다면 '침노를 당하다' 표현은 적합하지 않아 보입니다. 이 구절은 사실 난해 구절에 해당하며, 따라서 다양한 해석이 나올 수밖에 없습니다. 여러 주석을 살펴보면서 필자는 에두아르트 슈바이처(Eduard Schweizer)의 마태복음 주석*에서 이해의 단서를 찾을 수 있었습니다.

예컨대, 우리가 잘 알고 있는 알버트 슈바이처(Albert Schweitzer)는 『예수전 연구』에서 예수의 종말론적인 사역과 의미에 초점을 맞추었습니다. 그래서 예수의 종말론적인 사역은 처음에는 민중 선동을 통해 실현할 하나님 나라 그리고 그것이 좌절한 후에는 자기 죽음을 통해 세상 가운데 불러들일 하나님 나라에 대한 기대가 표현된 것으로 그는 이해했습니다. 그의 해석은 당시 유대교의 한 분파인 열심당원들의 행동에 적용되는 바가 없지 않지만, 복음서 곳곳에 나타나고 있는 예수님의 사역과는 전혀 맞지 않습니다.

천국과 믿음의 관계를 중시한 학자들은 이 본문을 신앙의 열정을 표현한 것으로 해석합니다. 한국교회의 설교에서 흔히 만나볼 수 있는 해석인데요. 그러나 마태복음에 사용된 표현이 마귀의 행위에 적용된 것을 바탕으로, 에두아르트 슈바이처는 믿음의 열정을 가리키는 것으로 보기에는 어렵다고 지적합니다. 하나님이 강압적으로 천국을 도래하게 한다는 표현 역시 같은 난제 앞에 서게 됨을 환기합니다.

에두아르트 슈바이처는 예수님의 존재와 천국의 도래 사이의

* *Das Evangelium nach Mathäus*, NTD Bd.2(Göttingen, Vandenhoeck & Ruprecht, 1986).

관계를 생각하면서, 당시 유대인들이 예수님을 어떻게 대했는지를 알려주는 의미로 해석합니다. 다시 말해서 천국이 세상의 압제하에 있음을 환기한 것이라는 말이죠. 예수님을 압제하면서 세상은 천국을 자기 방식으로 세우려 했다는 겁니다. 슈바이처의 해석은 예수님의 포도원 농부 비유(마 21:33-39)에도 잘 부합합니다. 천국의 온갖 좋은 것들은 세상에 의해 여러 가지 형태로 강탈당하고 있기 때문입니다.

좀 더 쉽게 생각해보죠. 사람들은 세상에서 좋은 것이라면 유무형을 가리지 않고 소유하기를 원합니다. 재물일 수 있고, 여러 가지 덕목일 수 있으며, 정의와 평화와 같은 이념일 수도 있습니다. 처음에는 그것이 무엇인지를 아는 과정에 중점을 두지만, 시간이 지나면서 사람들은 단순히 앎의 수준에 만족하지 않고 자신들의 삶에서 그것들을 구현하고자 합니다. 그러나 사람들의 생각과 가치관이 서로 달라 세상에서 이것에 관한 일치된 생각을 얻는 일은 쉽지 않습니다. 합리적인 소통이라는 방법을 동원하지만, 여전히 힘의 논리에 밀립니다. 세상에서 자기 행복을 위해 필요한 것들을 얻는 방법으로 힘의 논리가 사용되는 것인데요. 역설적이 아닐 수 없습니다. 그러나 얻은 자는 비록 소유할지 모르지만, 좋은 것들은 제빛을 발하지 못하고 강탈한 자 안에서 진정한 의미를 상실합니다. 나뭇잎으로 만든 돈에 불과할 뿐이죠. 마법이 풀리면 진상이 드러납니다. 이것이 좋은 것에 대한 인간들의 탐욕스러운 반응과 그 결과입니다. 즉, 좋은 것들을 얻기 위해 탐욕스럽게 그리고 강압적으로 상자를 열어보지만, 그 안에서 쏟아져 나오는 것은 이미 변질한 것들뿐입니다.

세상이 천국을 대하는 태도 역시 마찬가지입니다. 세상은 원래 자신이 필요한 유무형의 것들을 천국, 곧 천지의 창조주이신 하나님에게서 공급받습니다. 그러나 세상은 그것을 자기 것으로 주장하거나 그것을 얻기 위해 하나님이 원하시는 방법대로 하지 않고 자신의 논리와 느낌대로 하기를 좋아합니다. 심지어는 금지된 상자를 열어서 스스로 얻으려 합니다. 이것은 최초 인류의 타락에서 엿볼 수 있는 모습으로 인간의 본질에 대한 성경의 관점이 투영된 본문입니다. 천국의 가치는 인간이 그것을 강압적으로 소유하려고 함으로써 추락할 뿐입니다. 하나님은 아들에 대한 인간들의 강압적인 태도를 물리치지 않으셨습니다. 오히려 죽은 자를 부활하게 하심으로써 최후의 승리자로 우뚝 서게 하셨습니다. 하나님이 천국의 가치를 지키고 보호하시는 방법과 세상이 천국의 가치를 위해 기울이는 노력은 전혀 다름을 알 수 있습니다.

천국은 타락 이후 세상 안에서 억눌려 있습니다. 안타깝지만 현실입니다. 그러나 천국의 가치를 하나님이 원하시는 방법에 따라 지키고 보존하며 자기 안으로 받아들이는 사람은 비록 세상에 있으나 천국에 있습니다. 세상에서 살되 천국과의 관계에서 살면 정체성에 큰 변화가 일어납니다. 세상에 있으나 세상에 속해 있지는 않고, 오히려 천국에 속한 천국 시민으로서 사는 일이 가능하다, 이렇게 말할 수 있습니다. 그래서 비록 이 땅에서 천국을 건설하거나 확장하는 일은 불가능해도, 순종하는 삶 가운데 불현듯 임하는 천국을 경험하는 건 참 그리스도인의 삶에서 매우 중요한 사안입니다.

지금까지 천국에 대한 묵상을 통해 세상과의 관계에서 천국이 어떤 것인지를 살펴보았습니다. 이어지는 글에서 세상에서 살면서 천국을 경험하는 다섯 가지 방법에 관해 본격적으로 살펴보도록 하겠습니다. 핵심 질문은 이렇습니다.

“만일 지금 지극히 행복하다면, 당신은 그 행복을 어떤 삶으로 살아내겠습니까?”

“만일 지금 고난 가운데 있다면, 그리스도인으로서 당신은 그 삶을 어떻게 살아내겠습니까?”

4장

회개하는 사람이 하나님 나라를 경험합니다

4장 핵심 내용

예수님 당시 천국에 관한 생각은 묵시 전통에 따른 것이었습니다. 이사야 11장에 묘사된 바에 따르면, 약속대로 메시아가 오시면 모든 열방이 이스라엘로 몰려오고, 여호와 하나님을 참 하나님으로 섬기며 그를 예배할 거고 평화의 나라가 이 땅에서 세워질 것입니다. 하나님 나라는 이스라엘 민족에게만 주어지는 것이 아니라 보편적인 나라이며 평화의 나라입니다.

예수님과 세례 요한의 선포는 바로 이런 묵시 전통에서 이해해야 합니다. 오랫동안 고대했던 천국 곧 메시아의 나라가 가까이 왔으니 그 나라의 백성은 죄의 길에서 돌이켜 하나님의 언약 관계 안으로 다시 돌아오라는 겁니다. 이것이 먼저 이루어져야 할 일이고요. 그 후에 열방이 돌아오는 일이 일어날 겁니다. 하나님 나라는 메시아가 오시면서 정점에 이를 것입니다. 이것이 유대교 묵시 전통에 따른 선포입니다.

세례 요한은 묵시 전통에 따라 메시아의 오심을 겨냥해서 선포했고, 예수님은 이미 현실이 된 묵시 전통을 바탕으로 자기 안에 계시고 자기를 통해 일하시는 하나님을 염두에 두고 선포하셨습니다.

세례 요한에게 메시아는 심판의 주님이시고 심판자의 모습으로 천국을 보이는 주님입니다. 두 사람 모두 마지막 날을 바라보며 선포한 거죠. 마지막 날에 모든 열방이 주께로 오기 전 먼저 약속의 자녀가 회개해야 하는데, 왜냐면 천국은 하나님의 백성으로서 오직 언약 관계를 회복한 자 곧 회개한 자에게만 허락된 곳이기 때문인 거죠.
세례요한에게 천국은 약속에 합당한 신앙으로 심판을 통과한 자만이 가는 나라입니다. 그래서 비록 약속의 자녀라도 천국에서 배제되지 않고 천국을 경험하려면 먼저 회개하라 외친 겁니다. 여호와만을 참하나님으로 섬기라는 말이죠. 언약 관계로 돌아와야만 천국을 경험할 수 있다는 겁니다.

이에 비해 예수님은 자기 백성을 구원할 메시아입니다. 사람으로 오시고 우리 가운데 거하시면서 천국을 보이신 분입니다. 예수님이 오심으로써 비로소 천국이 임한 것이 아닙니다. 오히려 이미 현존해 있는, 그러나 사람들의 욕망에 가리어 있는 천국을 당신의 인격과 사역을 통해 나타내 보이셨습니다. 하나님이 이미 말씀을 통해 그리고 예수 자신을 통해 세상을 다스리고 계신다는 걸 보이신 거죠. 이에 대한 반응으로 이스라엘이 다만 하나님의 백성으로서 살 것을 요구하셨습니다. 유대교 묵시 전통에 따른 천국은 하나님의 은혜로 하나님과의 관계가 회복된 모든 자에게 열려있는 나라입니다. 그래서 예수님은 의인으로서 천국에 갈 수 있기 위해 혹은 하나님의 은혜로 구원받기 위해 혹은 영생을 누리기 위해 먼저 회개하라고 외친 겁니다. 먼저 하나님과의 관계가 회복해야 하나님 나라를 맞이하고 하나님의 백성으로 살 수 있을 것이라는 의미입니다. 여호와만을 하나님으로 섬기되 하나님이 보내주신 메시아에게 돌아서라는 말입니다. 이미 하나님의 백성으로 선택된 유대인이 굳이 예수님을 메시아로 인정해야 할 이유는요. 그래야만 그들과 하나님과의 관계가 어떠한지 실상을 파악할 수 있기 때문입니다. 하나님은 예수 그리스도 안에서 계시하시고 그를 통해 말씀하십니다. 따라서 오직 예수님의 인격과 사역을 통해 현존하는 천국을 볼 수 있습니다. 회개는 하나님과의 언약 관계로 돌아가는 일로 관계를 새롭게 회복하기 위한 길입니다. 그러니 예수를 하나님이 보내주신 메시아로 인정하고 그에게로 돌아오라고 외친 겁니다.

세례 요한과 예수님 그리고 묵시 전통

세례 요한과 예수님은 천국을 회개와 밀접한 관계에서 보았습니다.

회개하라 천국이 가까이 왔느니라.

이건 당시 유대인을 향한 두 사람의 공통된 선포입니다. 이 말을 원문에 따라 이해하면 이렇게 됩니다.

회개하라, 왜냐하면 천국이 가까이 왔기 때문이다.

큰 차이가 없어 보이지만, 결단코 작지 않은 차이가 있습니다. 차이를 살펴보기 전에 먼저 당시 유대인은 천국을 어떤 나라로 생각했는지 이에 관해 생각해보는 게 좋을 것 같습니다. 천국은 당시 많은 사람이 오해했듯이, 단지 로마 식민지에서 해방되어 주권이 회복할 때 드러나는 나라가 아닙니다. 출애굽 이후나 바빌론 이후의 삶을 떠올린 사람들은 당연히 그렇게 생각을 했을 겁니다. 그들에게 로마 식민지에서 벗어난 이후 세계 역시 그런 것이어야 했습니다. 실제로 제자들은 예수님 앞에서 그런 오해를 드러내기도 했습니다. 예수님이 승천하신 후 서기 70년 로마를 상대로 하는 이스라엘의 반란은 그것을 믿고 기대한 사람들이 일으킨 사건입니다. 열심당원의 봉기는 로마군에 의해 강력하게 진압되었고요. 이로 말미암아 예루살렘 성전은 완전히 파괴되었습니다.

천국의 또 다른 모습은 해방과 자유를 넘어 풍요롭고 평화로운 삶이 보장된 나라입니다. 적으로부터 아무런 공격이 없고, 염려와 근심이 없으며, 오직 기쁨과 평화가 영원히 지속하는 나라입니다. 달리 말해서 물질적인 풍족함으로 가득하고, 정치적으로 안정되고 나라의 힘은 커져 이방인을 압도하고, 백성들은 온갖 번영을 누리는 나라입니다.

이런 두 가지 모습에서 알 수 있는 건 유대인에게 천국은 민족주의 사상을 고취하는 근거였습니다. 예수님이 직접 나서서 이런 생각을 비판하셨듯이, 이건 큰 오해이고 착각입니다.

그런데 사실 당시 천국에 관한 생각은 묵시 전통에 따른 것이었다고 보는 것이 옳습니다. 이미 오래전부터 비전이나 약속을 통해 전해져온 묵시 전통이 왜곡된 거죠. 이사야 11장에 묘사된 바에 따르면, 약속대로 메시아가 오시면 모든 열방이 이스라엘로 몰려오고, 여호와 하나님을 참 하나님으로 섬기며 그를 예배할 거고 평화의 나라가 이 땅에서 세워질 것입니다. 하나님 나라는 이스라엘 민족에게만 주어지는 것이 아니라 보편적인 나라이며 평화의 나라입니다. 유대인의 오해는 그 나라를 민족주의적으로 이해하고 이 땅에서 그 나라를 사람의 힘으로나 정치적으로 세우려 했고 세상의 번영을 특징으로 여겼다는 데 있습니다.

예수님과 세례 요한의 선포는 바로 이런 묵시 전통에서 이해해야 합니다. 그러니까요. 오랫동안 고대했던 천국 곧 메시아의 나라가 가까이 왔으니 그 나라의 백성은 죄의 길에서 돌이켜 하나님의 언약 관계 안으로 다시 돌아오라는 겁니다. 이것이 먼저 이루어져야 할 일이고요. 그 후에 열방이 돌아오는 일이 일어날 겁니다. 하나님 나라는 메시아가 오시면서 정점에 이를 것입니다. 이것이 유대교 묵시 전통에 따른 선포입니다.

세례 요한은 묵시 전통에 따라 메시아의 오심을 겨냥해서 선포했고, 예수님은 이미 현실이 된 묵시 전통을 바탕으로 자기 안에 계시고 자기를 통해 일하시는 하나님을 염두에 두고 선포하신 겁니다. 세례 요한에게 메시아는 심판의 주님이시고 심판자의 모습으로 천국을 보이는 주님입니다. 두 사람 모두 마지막 날을 바라보며 선포한 거죠. 마지막 날에 모든 열방이 주께로 오기 전 먼저 약속의 자녀가 회개해야 하는데, 왜냐면 천국은 하나님의 백성으로서 오직 언약 관계를 회복한 자 곧 회개한 자에게만 허락된 곳이기 때문인 거죠.

그동안 우상을 섬기며 살았다 해도 이제는 장차 오실 메시아에 합당한 사람이 되어야 한다는 겁니다. 세례요한에게 천국은 약속에 합당한 신앙으로 심판을 통과한 자만이 가는 나라입니다. 그래서 비록 약속의 자녀라도 천국에서 배제되지 않고 천국을 경험하려면 먼저 회개하라 외친 겁니다. 여호와만을 참하나님으로 섬기라는 말이죠. 언약 관계로 돌아와야만 천국을 경험할 수 있다는 겁니다.

이에 비해 예수님은 자기 백성을 구원할 메시아입니다. 사람으로 오시고 우리 가운데 거하시면서 천국을 보이신 분입니다. 예수님이 오심으로써 비로소 천국이 임한 것이 아닙니다. 오히려 이미 현존해 있는, 그러나 사람들의 욕망에 가리어 있는 천국을 당신의 인격과 사역을 통해 나타내 보이셨습니다. 하나님이 이미 말씀을 통해 그리고 예수 자신을 통해 세상을 다스리고 계신다는 걸 보이신 거죠. 이에 대한 반응으로 이스라엘이 하나님의 백성으로서 살 것을 요구하셨습니다. 유대교 묵시 전통에 따른 천국은 하나님의 은혜로 하나님과의 관계가 회복된-의를 얻게 된-모든 자에게 열려있는 나라입니다. 그래서 예수님은 의인으로서 천국에 갈 수 있기 위해, 하나님의 은혜로 구원받기 위해, 영생을 누리기 위해 먼저 회개하라고 외친 겁니다. 먼저 하나님과의 관계가 회복해야 하나님 나라를 맞이하고 하나님의 백성으로 살 수 있을 것이라는 의미입니다. 여호와만을 하나님으로 섬기되 하나님이 보내주신 메시아에게 돌아서라는 뜻입니다. 이미 하나님의 백성으로 선택된 유대인이 굳이 예수님을 메시아로 인정해야 할 이유는요. 그래야만 그들과 하나님과의 관계가 어떠한지 실상을 파악할 수 있기 때문입니다. 하나님은 예수 그리스도 안에서 계시하시고 그를 통해 말씀하십니다. 따라서 오직 예수님의 인격과 사역을 통해서만 세상 가운데 현존하는 천국을 볼 수 있습니다. 회개는 하나님과의 언약 관계로 돌아가는 일로 관계를 새롭게 회복하기 위한 길입니다. 그러니 예수를 하나님이 보내주신 메시아로 인정하고 그에게로 돌아오라고 외친 겁니다.

그러니까 예수 그리스도의 오심으로써 천국은 이미 현존해 있음이 분명해졌고요. 예수님은 자기를 보내신 아버지 하나님이 자기의 인격과 사역을 통해 계시하시고 천국을 하늘에서와 같이 땅에서도 이루어지게 하셨음을 선포하신 겁니다. 그동안 없었던 게 예수님의 오심과 함께 생겨난 것이 아니라, 그동안 인간의 욕망에 가리어져 있던 게 예수님을 통해서 그리고 그 안에서 드러났다는 의미입니다. 하나님의 의는 이걸 누리는 유일한 조건인데요. 의를 얻기 위해선 예수를 그리스도로 곧 메시아로 믿고 새 언약 관계 안으로 돌아가야 합니다. 하나님의 존재와 천국을 분리해서 생각할 수 없듯이, 예수님의 인격과 사역이 나타나는 곳과 천국은 분리할 수 없습니다. 우리가 예수 그리스도의 인격과 사역을 우리의 삶을 통해 전해야 할 이유입니다.

천국과 이방인

세례 요한과 예수님의 천국 선포는 적어도 하나님과 언약 관계에 있는 백성을 겨냥한 말씀입니다. 그러니 그 말씀이 이방인에게도 유효해지려면, 이방인은 먼저 하나님과의 언약 관계 안으로 들어와야 합니다. 하나님의 백성이 되어야 한다는 거죠. 이 조건이 충족해야 천국 복음은 이방인에게도 유효한 말씀이 됩니다. 그래서 이방인을 위한 사도인 바울은 이방인이 하나님의 백성이 되기 위한 유일한 조건으로 예수 그리스도에 대한 믿음을 역설한 겁니다. 할례를 받거나 율법을 지킴으로써 하나님의 백성이 되는 게 아니라는 거죠. 이방인은 예수 그리스도를 믿고 그 안에서 성령을 통해 양자로 확인받으면서 하나님의 백성이 됩니다. 예수 그리스도와 그의 보혈을 통해 하나님과의 새 언약 관계를 맺는 겁니다.

회개와 천국

한편, 회개의 그리스어와 히브리어 의미는 다소 다릅니다. 잠시 후에 상세히 살펴볼 것이지만, 히브리어의 뜻은 율법을 지키는 삶 곧 하나님과의 언약 관계 안으로 돌아서는 겁니다. 멸망을 향해 가던 길에서 잘못(혹은 진실)을 깨닫고 애통하면서 참회하되 생명을 얻기 위해 방향을 돌리는 겁니다. 달리 말해서 죄의 길에서 진리에 의해 자극받아 죄의 심각성을 깨닫고 죄로 인해 애통해하며 하나님에게로, 하나님과의 언약 관계 안으로 돌아서는 겁니다.

사실 죄를 반복하지 않기를 결심하고 결단하며 애통해하긴 해도, 더는 죄를 짓지 않는 완전한 회개는 드문 일입니다. 한 번 회개하고 다시 회개할 필요가 없을 정도로 온전한 거룩함으로 사는 사람은 없습니다. 따라서 회개는 계속된 죄의 고백과 참회를 전제합니다. 죄의 고백은 십자가 사건을 진리로 받아들임으로써 그리고 하나님의 말씀에 자기 말과 행위를 비추어 볼 때 가능합니다. 참회의 진정성은 죄의 심각성과 파괴력을 깨닫고 죄로 말미암아 하나님의 마음을 아프게 한 사실로 인해 애통해하는 건 물론이고 피해자의 고통을 공감할 때 나타납니다. 죄를 고백하는 것이 참회가 되는 건 아닙니다. 죄를 깨닫지 못하면 참회가 있을 수 없고, 진정한 참회가 없으면 회개가 어렵습니다. 그러니까요. 죄의 고백과 참회를 전제한 회개와 관련해서 세례 요한과 예수님의 선포에서 알 수 있는 바는 회개와 예수 그리스도, 회개와 하나님, 회개와 천국은 서로 밀접한 관계에 있다는 겁니다.

그렇다면 회개하라. 왜냐면 천국이 가까이 왔기 때문이다. 이 말은 무엇을 의미하나요? 하나님의 백성에게 회개는 십자가를 통해 계시한 죄 인식과 고백 그리고 참회 후 하나님과의 언약 관계 안으로 돌아서는 행위라 했습니다. 이방인은 예수 그리스도를 통해 맺어진 새 언약 관계 안으로 들어가야 합니다. 이를 위해 무엇보다 먼저는 예수 그리스도를 믿어야 합니다. 회개는 용서하시는 하나님을 믿고, 그분을 신뢰하면서 용서하시는 하나님의 은혜에 전인격적으로 반응하는 신앙 행위입니다. 다시 말해서 회개는 세상에서 하나님의 주권을 인정하고 하나님의 용서를 받음으로써 천국을 경험하기 위한 최소한의 조건인 거죠. 하나님이 세상을 다스리시되 은혜와 사랑으로 하신다는 걸 그리스도인은 회개를 통해 깨닫습니다. 그러므로 예수 그리스도와 더불어 세상에 모습을 드러낸 천국은 회개하는 사람이 경험할 수 있는 나라입니다. 회개하지 않은 사람이 말하는 의와 평강 그리고 희락은 하나님이 주신 것이 아니라 세상이 주는 겁니다. 자기 공로이고, 힘에 의한 평화이고, 이기적인 희락입니다. 모양은 같아도 본질이 다릅니다. 그건 참이 아니고 거짓입니다.

이렇게 되면 자연스레 제기되는 질문이 있습니다.

다른 사람이 인지하지도 경험하지도 못하는 하나님 나라일진대, 이것을 회개하는 사람이 인지하고 경험하는 건 어떻게 가능한가 하는 겁니다. 회개할 때 회개하는 자에게 혹은 회개하는 자 안에서 무엇이 일어나는 걸까요? 특별한 변화를 말할 수 없다면, 천국은 회개하는 자에게만 임하는 건가요? 만일 회개한 자만이 천국을 경험할 수 있다면, 온전히 회개하지 못하고 죽은 사람들은 어떻게 되는 걸까요?

이 질문에 대한 대답은 먼저 회개의 의미에 관한 상세한 이해가 선행할 때 비로소 가능할 겁니다.

회개의 의미

이미 앞서 언급했습니다만, 회개에 해당하는 히브리어(슈브)는 '~에게 돌아가는 행위'를 가리킵니다. 용서하시는 하나님을 신뢰하고 하나님과의 언약 관계로 다시 돌아가는 행위를 의미합니다. 잘못을 깨닫고 애통해하며 하나님에게 돌아가는 겁니다. 구체적인 삶과 행동의 변화를 포함합니다. 율법의 행위를 강조하는 유대인들의 생각이 많이 반영되어 있습니다. 지금까지 지속한 삶에서 혹은 길에서 방향을 돌리는 일입니다. 그동안 율법을 지키지 않고 살았다면, 율법을 지키는 삶으로 방향을 전환하는 거고요. 만일 그동안 하나님의 인도와 보호를 거부했다면, 하나님의 인도와 보호를 받아들이는 겁니다. 하나님만을 신뢰하면서 하나님과의 언약 관계로 다시 돌아가는 겁니다. 다시 말해서 만일 하나님과 언약 관계에 있는 사람이 하나님이 다스리시고 돌보시길 바란다면, 하나님만을 신뢰하면서 그의 말씀대로 사는 것, 이것이 회개입니다.

이에 비해 신약에서 사용된 회개(메타노이아)에는 사유 행위를 반영하고 심리적인 측면이 들어 있습니다. 그간의 잘못된 삶을 깨닫고 마음으로 애통해하고 마음을 고치는 것입니다. 잘못에 대한 반성은 물론이고 마음의 변화를 포함합니다. 구약에서도 옷을 찢지 말고 마음을 찢으라(요엘 2:13), 이런 표현이 있는데요. 이를 통해 알 수 있듯이, 회개의 심리적 의미는 다분히 외식을 염두에 둔 것입니다. 하나님과의 관계에서 지성과 감정 반응의 중요성을 인지한 결과이죠. 이런 이해는 다른 한편으로는 믿음에서 마음과 행동의 분리가 이루어지는 계기가 됩니다. 믿음을 마음의 확신으로 보고, 행동을 믿음을 보이는 것으로 이해하게 된 겁니다. '슈브' 의미의 회개는 올바른 것에 대한 확신과 잘못을 깨닫고 돌아서는 것을 포함합니다. 이에 비해 메타노이아는 회개를 마음의 확신과 잘못을 참회하고 마음을 고치는 것으로 여기게끔 했습니다. 돌아서는 행동을 마음의 참회와 분리하게 하는 배경이 된 겁니다.

요엘 2:13은 율법을 지킴으로써 얼마든지 하나님과의 관계를 만족시킬 수 있다고 믿었던 때에 주어졌습니다. 하나님은 중심을 보시는 분으로 전인격적인 변화를 원하신다는 사실을 강조하는 것이기에 당시에는 충격적으로 들릴 수밖에 없었습니다. 이것은 사유를 중시하는 고대 헬라 문화를 만나면서 더욱 분명해졌습니다. 다시 말해서 회개는 행동만의 변화도 아니고 마음만의 변화도 아닌 전인격적인 변화를 의미합니다.

그러나 성경이 말하는 회개의 참다운 의미는 단순히 행위의 잘못을 후회하고 그 결과에 대해 애통하며 행동을 고치는 것만은 아닙니다. 전인격적인 변화만을 의미한다고도 볼 수 없습니다. 전인격적인 변화는 다른 종교를 통해서도 얼마든지 가능하기 때문입니다. 하나님이 원하시는 참다운 회개는 단지 이것만이 아닙니다.

예컨대 복음서(마 12:43-45; 눅 11:24-26)에는 귀신에게서 자유로워져 영적으로 깨끗해진 후에 비어있는 상태로 있다가 더 많은 귀신에 사로잡힌 사람의 이야기가 있습니다. 이 이야기에 따라 말한다면, 성경이 말하는 회개의 궁극적인 의미는 생각과 행동의 변화 외에도 새 언약 관계를 가능케 한 예수 그리스도를 구주로 받아들이고 그를 통해 계시한 하나님께로 돌아가는 행위를 포함합니다. 새 언약 관계 안으로 들어가는 거죠. 순서에 있어서(절대적인 것은 아니지만) 먼저 하나님께로 돌아간 후에 전인격적인 변화가 일어납니다. 하나님이 받아주시는 은혜가 먼저고 회개는 그다음입니다. 받아주는 곳이 있어야 회개가 가능하기 때문입니다. 이런 점에서 회개는 인간의 행위를 고치는 것만을 가리키지 않고 하나님의 "선행하는 은혜"가 있음을 환기합니다. 이것을 바탕으로 믿음을 이해하면 이렇습니다. 믿음은 예수 그리스도를 믿어 그 안에서 성령을 통해 하나님과 사귐을 갖는 것입니다.

회개는 하나님의 은혜에 대한 증거

믿음과 함께 시작하는 이 일은 평생에 걸쳐 일어나는데요. 이 과정을 두고 바울은 '구원을 이루는 일'(빌 2:12)이라고 말했습니다. 회개 후에도 여전히 죄를 고백해야 할 이유이지요. 죄인인 인간은 하나님께 돌아감으로써 곧 회개함으로써, 여호와가 심판의 하나님만이 아니라 용서하시는 분으로서 자비하시고 은혜로운 하나님임을 증거 합니다. 죄 용서는 복음의 핵심입니다. 그러므로 회개 역시 복음을 전하는 행위 가운데 하나입니다. 그래서 세례 요한은 예수님의 길을 예비하는 사역을 수행하면서 회개를 외쳤고, 예수 그리스도 역시 공생애를 '회개하라' 이런 메시지와 함께 시작했던 겁니다. 세례 요한이나 예수의 설교를 율법적이라고 보면 안 됩니다.

이것은 회개를 설교하면서 심판하시는 하나님만을 외치는 설교와 대조적입니다. 이런 설교는 특히 중세에 심했고 이단이나 사교 집단에서 종종 들을 수 있습니다. 회개는 죄인을 심판하시는 하나님을 전제하지만, 궁극적으로는 하나님의 은혜와 자비 그리고 용서를 증거 합니다. 앞서 언급했듯이 회개의 메시지는 하나님의 선행하는 은혜를 전제합니다. 그렇기에 회개는 복음을 설교하는 자리에서 빠지지 말아야 할 내용입니다.

그런데 최근의 설교 경향을 보면요. 회개를 외치지 않는 설교가 강단을 지배하고 있습니다. 담임목사 연임을 위해 혹은 굳이 연임을 염두에 두지 않는다 해도 당회와 성도들의 눈치를 보고 스스로 회개하지 않는 목회자라면 사실 회개를 선포하는 설교는 쉽지 않습니다. 물론 회개를 어떻게 설교하느냐에 따라 달라지겠지만요. 성숙한 신앙인은 비록 마음이 불편해도 회개의 메시지를 받아들입니다.

왜냐하면 첫째, 하나님의 선행하는 은혜를 알기 때문이고 회개 후 경험할 하나님의 은혜를 알기 때문입니다. 둘째, 본질에서 회개 설교는 개인의 잘못을 지적하는 것이기보다는 하나님의 은혜를 말하는 데 더 큰 비중을 두기 때문입니다. 죄를 용서하시고 죄인을 거룩하게 하시는 하나님을 전제합니다. 만일 이걸 간과하고 단지 마음이 불편하다는 이유로 회개의 설교와 회개하라 선포하는 설교자를 불신한다면요. 이건 복음 자체를 부정하는 것입니다. 회개 없는 설교는 엄밀히 말해서 설교자가 복음에 대한 확신이 없음을 드러내는 일입니다. 복음을 전하는 자로 부름을 받은 사람이 설교자라고 한다면, 회개를 선포하지 않는 경우 복음을 전해야 하는 사명을 유기하는 일입니다. 회개 자체가 복음을 증언하는 일이기에 더욱 그렇습니다.

회개의 메시지를 싫어하는 건 교만한 자의 전형적인 모습입니다. 성도는 회개를 선포하지 않는 목회자를 경계해야 하고요. 회개를 촉구하는 메시지에는 거리끼는 마음이 없이 귀를 기울이고 마음으로 받아들여야 합니다. 회개와 천국의 관계는 그 이유를 설명합니다. 세례 요한과 예수님의 설교에서 확인할 수 있습니다.

회개와 천국의 관계

세례 요한과 예수님의 설교로 다시 돌아가 보죠.

회개하라 천국이 가까이 왔느니라(마 3:2; **막** 4:17).
(회개하라, 왜냐하면 천국이 가까이 왔기 때문이다)

내용에 따르면, 천국을 예비하는 것으로 회개를 선포하는 것입니다. 세례 요한은 이것을 자기 사역의 중심 메시지로 삼으면서 회개의 세례를 베풀었습니다. 예수님이 사역을 시작하면서 행하신 첫 번째 설교의 핵심이기도 합니다. 지금 회개해야 할 이유는 천국이 가까이 왔고 천국이 임할 시기가 되었기에 회개해야 한다는 뜻입니다. 곧, 행위에서 완전하든 완전치 못하든 상관없이 누구든지 천국에 합당한 사람이 되기 위해서는 말씀을 듣는 때에 회개해야 한다는 의미입니다. 죄를 깨닫고 참회한 후 회개하는 이는 천국을 앞서 경험합니다.

"천국에 합당하다" 이 말은, 유대인의 관점에서 본다면, 의인을 염두에 둔 겁니다. 유대인은 율법을 온전히 지키는 자를 의인으로 보았기에 회개는 당연히 행위에 있어서 온전치 못한 부분에서 율법을 지키는 삶으로 돌이키는 것입니다. 마음과 의지만 있으면 되는 것이 아니라 실제로 돌이켜 그동안의 잘못을 고쳐야 합니다. 마음의 반응뿐만 아니라 몸의 반응도 따라야 합니다. 모범적인 사례는 세리(세금 징수원, tax collector) 삭개오가 예수님께 보인 반응입니다(눅 19:1-10).

세례 요한의 설교에서 회개의 열매가 언급되는 것으로 보아 그는 회개를 구약의 전통에서 이해하고 있음을 알 수 있습니다. 행위를 강조하되 하나님이 원하시는 행위를 하라는 의미이기 때문입니다. 그래서 그는 율법의 마지막 선지자로 언급된 겁니다.

그뿐 아니라 당시 나라(국가)에 대한 이해가 통치자를 중심으로 이뤄진 것에 비춰 볼 때, 천국에 합당하다는 말은 하나님이 보시기에 좋다 혹은 하나님의 임재에 합당하다는 뜻입니다. 그러니까 하나님이 보시기에 좋은 사람이 되어 하나님의 임재를 받아들일 수 있으려면, 누구든지 결단을 통해 지금까지 삶의 방식에서 벗어나 하나님이 원하시는 삶으로 방향을 돌려야 합니다. 예수 그리스도를 통해 나타난 은혜를 받고 난 후에 회개가 있을 수 있으며, 그 후에 비로소 진정한 천국을 말할 수 있습니다.

여기서 예수님 말씀의 의미는 세례 요한의 의미에서 완전히 벗어난 것 같지는 않습니다. 다만 예수님이 외치신 회개는 예수님의 말씀을 믿는 것은 물론이고 예수님을 통해 주어지는 은혜를 받아들이라는 것을 포함합니다. 왜냐하면 예수님 자신이 천국이기 때문입니다.

회개는 사랑과 은혜와 용서의 하나님을 증언합니다. 비록 구체적인 말로 표현하지 않아도 회개함으로써 하나님의 용서를 증언합니다. 따라서 회개는 복음이 진리임을 고백할 뿐만 아니라 하나님의 용서를 증언하는 일입니다.

정리해서 말한다면, 회개에서 중요한 일은 단지 율법대로 살지 않은 죄를 깨닫는 일만이 아닙니다. 죄를 깨닫는 일이 쉬운 건 아니지만, 조금만 노력하면 가능한 일입니다. 진정 어렵고 힘든 일은 죄를 용서하시는 하나님을 인정하고 그분에게로 돌아서는 일입니다. 하나님의 용서와 사랑을 세상 가운데 나타내신 예수님을 주님으로 영접하는 일입니다. 180도 전환을 의미합니다. 진정한 회개는 이것이 이뤄졌을 때 가능해집니다.

그러므로 순서에 있어서(비록 절대적이지는 않지만) 회개는 먼저 죄를 용서하시고 자비하시고 은혜로운 하나님에 대한 믿음을 전제합니다. 그래서 칼 바르트는 '율법과 복음'의 관계를 순서에 있어서 '복음과 율법'으로 바꾸어야 한다고 주장했습니다. 먼저 죄를 깨닫고 인격적인 변화가 일어난 후에 죄용서와 사랑이 선포되는 것이 아니라는 말이죠. 먼저 예수 그리스도의 십자가에서 드러난 하나님의 은혜

(죄 용서)를 경험해야만, 곧 예수 그리스도를 인격적으로 만나 그로부터 죄 용서의 음성을 듣고 난 후에 비로소 그를 영접하고 율법에 따른 삶을 산다는 주장입니다. 사도 바울은 이 부분을 이렇게 말했습니다.

> **우리가 아직 죄인 되었을 때에 그리스도께서 우리를 위하여 죽으심으로 하나님께서 우리에 대한 자기의 사랑을 확증하셨느니라**(롬 5:8).

십자가의 복음을 듣는 것만으로 만족하지 않고 마음으로 받아들일 때, 하나님께 돌아서는 의미의 회개는 동시에 일어납니다. 사도 요한은 이렇게 말했습니다.

> **영접하는 자 곧 그 이름을 믿는 자들에게는 하나님의 자녀가 되는 권세를 주셨으니**(요 1:12).

이것이 세례 요한이 외쳤던 회개와 다른 점이고 예수 그리스도를 통해 계시한 일입니다.

그렇다면 회개한 자만이 천국에 갈 수 있을까요? 만일 이 질문이 예수 그리스도를 영접하였으나 온전히 회개하지 않은 경우를 염두에 둔 것이라면, 꼭 그렇지는 않다고 말할 수 있습니다. 회개에 앞서 은혜가 작용하기 때문입니다. 비록 살아 있는 동안 죄로부터 완전히 돌아서지 못했어도 예수 그리스도를 믿는 자는 예수 그리스도를 통해 드러난 하나님의 은혜로 구원받습니다.

관건은 오는 천국은 이 땅에서 회개하는 자에게 임한다는 것입니다. 회개하는 자는 천국이 임하는 것을 알고 경험하며 누릴 수 있으나, 그렇지 않은 사람에게 천국의 기쁨은 종말까지 지연될 수밖에 없습니다. 회개는 천국을 인지하는 눈을 열어줍니다. 회개하는 자는 오는 천국을 맞이하고, 회개하지 않는 자는 오는 천국을 보고도 지나칩니다. 그러니 천국이 주는 환희를 놓칠 수밖에 없습니다.

끝으로 은혜로 인한 죄 용서와 관련해서 마가복음 3:29을 살펴보도록 하겠습니다.

누구든지 성령을 모독하는 자는 영원히 사하심을 얻지 못하고 영원한 죄가 되느니라….

어떤 경우도 용서받을 수 없는 죄는 성령을 모독하는 죄라는 말입니다. 성령을 모독하는 죄는 무엇인가요? 성경의 배경을 살펴보면서 그 의미를 생각하면요. 그건 예수 그리스도를 통해 나타나는 하나님의 은혜를 인정하지 않고 거부하는 걸 의미합니다. 죄용서의 은혜를 거부한다는 건 회개할 필요를 전혀 느끼지 않는 겁니다. 회개할 필요를 느끼지 않는 건 지금 이곳에서 천국을 경험할 기회를 포기한다는 거죠. 결국 천국과 영원히 멀어지는 거고 이로써 영원한 죄가 되는 겁니다.

아무리 중한 죄를 지었다 해도 예수 그리스도를 통해 주어진 하나님의 은혜를 믿음으로 받아들이면 회개의 기회를 얻을 수 있고 —회개할 필요가 없다는 말이 아닙니다— 또 새 생명으로 살 수 있습니다.

복습과 실천을 위한 묵상

1) 회개란 무엇인가요?

2) 죄를 깨닫는 일, 죄의 고백과 참회, 회개의 차이는 무엇인가요?

3) 죄를 적어보고, 그것에 관해 생각해봅시다. 구체적인 죄를 생각할 때는 나의 잘못만을 생각하기보다 나의 잘못으로 말미암아 힘들어 했던 사람의 아픔과 마음을 느껴보는 것이 필요합니다. 이것이 죄를 깨닫는 작업입니다.

4) 죄를 깨닫고, 죄를 고백하고, 참회하는 것이 쉬운 일은 아니지만, 그것까지는 사실 가능합니다. 문제는 회개가 어렵습니다. 그 이유는 무엇인지 아래의 목록을 참고로 생각하고 나누어 봅시다.
예) 욕망, 인정욕구, 명예, 권력, 재물, 내려놓지 못함, 돌아섬, 세상을 사랑하는 것, 소유에 삶의 의미를 두는 것, 이기적인 삶 등등

5) 회개한 사람이 다시 죄를 짓는 건 무엇 때문인가요?
회개한 사람이 죄를 짓는 것과 회개하지 않는 사람이 죄를 짓는 것의 차이는 무엇인가요?

6) 회개한 사람이 다시 죄를 짓지 않는 방법이 있을까요?
있다면 그것이 무엇인지 나누어 봅시다.

5장

하나님의 다스림을 받아들이는 사람이 하나님 나라를 경험합니다

5장 핵심 내용

하나님 나라를 통치 개념으로 이해한다는 건 주권이 하나님에게 귀속할 때 그곳에서 하나님 나라는 현실이 된다는 뜻입니다. 이런 맥락에서 하나님의 다스림을 받아들인다는 건 범사에 주를 인정하는 삶으로 나타납니다.

창조 이후 하나님이 인간에게 기대하는 건 한 가지입니다. 순종하는 삶을 통해 여호와가 세상을 다스리시는 하나님임을 나타내며 살라는 겁니다. 하나님은 이를 위해 인간을 당신의 형상대로 만드셨습니다. 그리고 권한위임을 통해 인간에게 세상을 관리하게 하셨습니다. 다시 말해서 하나님의 다스림을 받는 사람은 세상을 관리하는 권한을 받습니다.

여호와를 자기 하나님으로 삼은 나라 곧 하나님의 기업으로 선택된 백성은 복이 있도다(시 33:12).

하나님 나라는 지금까지 주로 주권 혹은 통치 개념으로 이해되었습니다. 하나님의 다스림이 일어나는 곳은 비록 땅이라도 하나님 나라가 부분적으로 성취된 곳이다. 이렇게 설명하는 것이 보통입니다. 통치한다는 걸 칼뱅(John Calvin)은 "정해진 질서 안에서 사물들을 다스리는 실질적인 권위를 갖고 있다는 것"(CR I. 4)이라 보았습니다. 그러니까요. 하나님 나라를 통치 개념으로 이해한다는 건 주권이 하나님에게 귀속할 때 그곳에서 하나님 나라는 현실이 된다는 뜻입니다. 이런 맥락에서 하나님의 다스림을 받아들인다는 건 범사에 주를 인정하는 삶으로 나타납니다.

성경은 하나님의 다스림에 관한 책

성경의 핵심 메시지 가운데 하나는 하나님은 왕이시라는 겁니다. 왕은 다스리는 자를 가리킵니다. 왕이신 하나님이란 하나님은 세상을 다스리시는 분이라는 고백입니다. 창조로 시작하여 새 창조로 마치는 성경은 결과적으로 온 세계가 하나님의 다스림을 인정할 것이라는 기대와 소망을 형성합니다. 그러니 신앙에서 관건은 영의 세계, 정신의 세계 그리고 물질의 세계는 물론이고 세상에 대한 하나님의 다스림을 온전히 받아들이는 겁니다. 달리 말해서 전인격적으로 또 모든 영역과 모든 나라에서 하나님의 주권을 인정하는 겁니다.

창조가 하나님의 다스림을 계시한다면, 죄는 그 다스림을 거부하는 일입니다. 이건 불순종이며 타락입니다. 아담과 하와의 타락은 선과 악을 알게 된 것 곧 지식을 갖게 된 것을 가리키지 않고 자기의 지식으로 선과 악을 판단하며 살겠다는 의지의 실현입니다. 선과 악을 판단한다는 말은 성경에서 다스리는 행위를 가리키는 전형적인 표현입니다. 이건 원래 하나님에게 속한 일이기에 성경은 그들의 행위를 두고 하나님처럼 되려고 했다. 이렇게 평가한 겁니다. 선악을 판단하며 다스리는 분은 하나님이신데, 사람이 판단하려 한 것이 타락의 핵심입니다. 타락 이후 노아와 바벨탑 사건에 이르기까지 이야기는 하나님을 배제하고 인간이 다스리려 했을 때 어떤 결과가 나타나는지를 보여주는데요. 인간 욕망의 극대화와 그에 대한 하나님의 반응인 심판으로 마무리됩니다.

아브라함부터 시작되는 이스라엘 역사는 하나님이 사람을 통해 다스리시며 당신의 언약을 이루어가심을 보이는 기록입니다. 율법과 예언을 통해 의로 다스리시고, 제사를 통해 거룩함으로 다스리시고 그리고 왕을 통해 공의로 다스리시면서 당신의 약속을 이루신다는 사실을 역사 기록을 통해 증언하고 있습니다. 하나님의 백성이란 하나님의 다스림을 받는 백성을 의미합니다. 만일 하나님의 다스림을 받지 않으면 더는 하나님의 백성이라 볼 수 없습니다. 그래서 하나님의 말씀을 듣지 않는 백성을 향해 하나님은 "내 백성이 아니다"(호 1:19), 이렇게 선언하셨습니다. 세상에 살면서 하나님의 다스림을 받지 않는 사람이 없으나 불법과 불의를 행하고 하나님의 뜻을 의도적으로 거스르는 사람은 하나님의 다스림을 거부하는 겁니다. 이스라엘은 하나님의 사랑으로 선택되어 하나님의 백성이란 이름을 얻었으나 불순종의 삶을 통해 명목상 하나님의 백성이 많았습니다.

하나님 나라에 대한 이해는 예수 그리스도의 오심과 함께 현저히 달라졌습니다. 이방인에게나 스스로 죄인임을 인정하는 사람에게는 복음이었으나 자기를 의롭다고 여기는 유대인에게는 큰 충격이었습니다. 예수님이 계시한 하나님 나라는 더는 율법의 나라가 아니라 은혜와 사랑의 나라로 여겨졌기 때문입니다. 이방인은 원래 하나님의 백성은 아니지만 믿음을 통해 기업을 이어받습니다. 다시 말해서 그동안 율법을 온전히 지키는 사람을 의인이라 했고 하나님 나라는 오직 의인에만 허용된 나라로 알려졌는데, 예수님이 오심으로 비록 이방인이라도 은혜와 사랑으로 하나님과의 관계가 회복할 수 있고 이방인으로서 예수 그리스도를 믿는 자는 하나님의 의를 얻는다는 사실이 밝혀졌습니다. 이로써 하나님 나라는 더는 율법을 지킴으로써가 아니라 믿음으로 가는 나라임이 밝혀진 겁니다. 예수 그리스도를 믿는다는 말은 하나님이 율법이 아니라 은혜와 사랑으로 세상을 다스리신다는 사실을 받아들이는 겁니다.

하나님의 다스림을 받는다는 것

그렇다면 하나님의 다스림을 받는다는 건 그리스도인의 삶에서 어떻게 나타날까요?

창조 이후 하나님이 인간에게 기대하는 건 한 가지입니다. 순종하는 삶을 통해 여호와가 세상을 다스리시는 하나님임을 나타내며 살라는 겁니다. 하나님은 이를 위해 인간을 당신의 형상대로 만드셨습니다. 그리고 권한위임을 통해 인간에게 세상을 관리하게 하셨습니다. 다시 말해서 하나님의 다스림을 받는 사람은 세상을 관리하는 권한을 받습니다. 성경은 왕 같은 제사장이란 표현을 했는데요. 이걸 마치 왕 같은 권위를 행사하는 것으로 오해하면 안 됩니다. 예수님은 다스리는 분으로서 섬김의 도를 보여주셨습니다. 하나님의 다스림을 대신하는 건 남의 위에서 권세를 부리는 것이 아니라 오히려 하나님의 은혜와 사랑을 경험하도록 도우며 섬기는 일입니다.

모든 영역에서 하나님의 주권을 인정한다는 건 먼저 다스림을 받는 사람이 어떤 일에서든 하나님의 다스림이 자기에게 일어나도록 하고 그 후에 자기를 통해 이웃이 하나님의 다스림을 경험하도록 도우면서 섬기는 일입니다. 예수님은 이것에 대한 모범을 보이셨습니다. 예수님은 하나님이 행하시는 일이 자기에게 일어나도록 하셨고 (고난받으심) 세상의 죄를 대신 짊어지심으로써 자기를 통해 세상이 하나님과 화목하게 하였습니다.

간단히 말해서 하나님의 다스림을 받는 그리스도인은 하나님을 예배하고 말씀에 순종하며 세상에서 서로 섬기는 삶을 통해 —곧 서로 사랑하고 서로 돕고 서로 세우는 삶을 통해— 하나님이 세상을 다스리심을 나타냅니다. 세상에서 하나님 나라 백성으로 살면서 하나님 나라의 현존을 나타내 보입니다.

순종

하나님의 통치와 관련해서 중요한 건요. 우리의 순종이 구원을 보장하는 건 아니지만, 그리스도 안에서 순종하는 삶을 통해 하나님은 당신의 나라를 현실로 나타내신다는 겁니다. 이건 이미 구약에서 하나님의 백성 곧 이스라엘에 보여주신 겁니다. 이스라엘은 하나님과 맺은 언약으로 하나님 나라의 백성이 되었고 계명을 지키면서 하나님의 다스림을 받으며 살았습니다. 순종을 통해 하나님 나라를 경험한 거죠. 순종하지 않을 때는 하나님의 다스림을 은혜가 아니라 징계 곧 심판으로 경험해야 했습니다.

그러나 그들은 오히려 사사(judges)를 통해 실행되는 하나님의 다스림을 불안해했습니다. 그러니까요. 사사의 통치보다 왕이 있는 국가이길 바란 겁니다. 하나님의 주권보다 주변 국가와의 관계에서 갖는 위상을 더 크게 생각한 거죠. 이스라엘에도 왕이 있다. 이스라엘도 왕정 국가이다. 뭐 이런 소릴 듣고 싶었던 겁니다. 적어도 현실 문제를 해결하는 일에서 사사 통치보다 왕정 국가가 더 나아 보였기 때문입니다.

하나님은 자기를 철저히 무시하는 듯한 이런 요구에도 계약을 통해 이스라엘에 하나님의 백성, 하나님 나라의 백성이라는 신분을 허락해주셨습니다. 이스라엘은 여호와를 참 하나님으로 섬기는 한 아무리 왕을 세운다 해도 여전히 하나님의 백성이고 하나님의 말씀에 순종하는 한 여전히 하나님의 백성이라는 말이죠. 물론 그들의 요구대로 왕을 세워주셨습니다.

그렇다면 만일 순종하지 않을 때는 어떻게 되었을까요? 하나님은 징계하셨습니다. 선지자들을 보내셔서 이스라엘의 불순종과 불의를 경고하시면서 하나님과의 언약 관계로 다시 돌아오라 말씀하셨습니다. 그러나 이스라엘은 듣지 않았습니다. 계속되는 불순종으로 이스라엘은 하나님 나라의 백성임을 스스로 부정한 셈입니다. 징계와 심판을 받아도 회개하지 않는 건 하나님의 다스림을 받아들이는 게 아닙니다. 하나님은 그들이 스스로 하나님 나라 백성임을 거부하였기에 그들이 원하는 대로 그것을 현실로 경험하도록 하셨습니다. 호세아를 통해 "내 백성이 아니다"(호 1:9) 이렇게 선언하시기까지 하셨고요. 그 결과로 나라는 주권을 상실했습니다. 북이스라엘은 앗수르에 의해 멸망하였고(기원전 722), 남유다는 바빌론에 의해 멸망했습니다(기원전 586). 게다가 바빌론으로 끌려가 70년이라는 긴 세월 동안 이방 나라의 포로로 혹은 이방 나라의 백성으로 살아야만 했습니다. 스스로 하나님 나라 백성임을 거부한 결과 이방 나라의 백성으로 살게 된 겁니다.

당시 이스라엘의 세계관에 따르면요. 이방 나라의 백성은 우상을 섬기는 백성입니다. 여호와 하나님의 말씀을 순종하며 여호와만을 섬기길 거부한 결과 이방 나라의 신을 섬기게 된 것입니다. 우상을 섬긴다는 건 노예가 된다는 거죠. 바빌론의 신화에는 이것을 설명하는 이야기가 있습니다.* 그들은 하나님의 말씀을 불순종하고 하나님 나라의 백성이길 거부한 결과가 어떠한 것인지 뼈저리게 경험해야만 했습니다.

순종은 하나님 나라를 경험하기 위한 필요조건입니다. 대한민국 국민이라고 해서 누구나 예외 없이 대한민국의 혜택을 받는 건 아닙니다. 법을 지키지 않으면 그 혜택이 박탈당하는 것처럼요. 하나님의 백성이라고 해서 모두가 하나님 나라를 경험할 수 있는 건 아닙니다. 하나님의 백성으로서 하나님의 말씀에 순종하는 자만이 하나님 나라의 은혜, 그 나라의 실제가 어떠한지를 경험할 수 있습니다. 은혜를 받아도 감사하지 않는 건 하나님의 다스림을 인정하는 게 아닙니다. 그런 사람은 율법에 따른 심판으로 하나님의 다스림을 받지만, 하나님 나라의 복을 누리는 일에선 배제됩니다.

* 바빌론 신화 "에누마 엘리시"에 따르면 인간은 신들의 불만을 달래기 위해 마르두크가 우주의 질서를 회복한 후 여신 티아마트의 남편 킨구의 피와 점토를 섞어 만든 노예입니다.

하나님 나라, 부활의 나라

하나님 나라의 현실은 예수께서 순종을 통해 보여주셨는데요. 곧 죽기까지 순종함으로써 경험한 하나님 나라는 부활의 나라라는 겁니다. 하나님 나라는 순종으로 가는 나라가 아니라 참으로 순종하는 자에게 부활로 혹은 영생으로 임하는 나라입니다. 하나님 나라가 언제 어디에 임할지 알 수는 없지만, 순종하는 곳에서 또 순종하는 사람에게 임할 가능성이 큽니다. 순종함으로써 겪는 고통이 아무리 크더라도요. 순종하는 자는 압니다. 자기가 지금 어떤 곳에 있는지 말이지요. 순종하는 자는 기쁨을 느낄 때만이 아니라 고난 가운데도 하나님 나라가 임한다는 걸 압니다. 그래서 실망하거나 절망하지 않는 겁니다. 오히려 고난 속에서도 기뻐할 수 있는 건 하나님 나라를 경험하기 때문입니다. 그래서 그리스도인은 순종하는 삶으로 부름을 받습니다. 하나님은 순종하는 자에게 당신의 나라를 보이십니다. 사람들은 순종하는 자에게 임한 하나님 나라를 이웃으로서 간접적으로 경험할 수 있습니다. 비록 간접적이긴 해도 이렇게 하나님 나라를 경험하고도 순종을 거듭 지연한다면, 하나님에게 완전히 유기된 사람일 가능성이 크고요. 그렇지 않으면 아직도 하나님 나라의 실상을 깨닫지 못하는 어리석은 사람입니다. 남보다 먼저 부름을 받은 사람이 할 일은 이런 사람들이 하나님 나라가 어떠한 곳인지를 깨닫도록 힘쓰는 겁니다. 이 일에서 모범적인 사역을 하신 분이 예수님이고 그의 제자들입니다.

이스라엘은 하나님과의 계약이 여전히 유효했음에도 불구하고 율법을 온전히 순종함으로써 영생을 얻거나 하나님 나라에 들어간다고 생각했습니다. 예수님을 그리스도로 메시아로 인정할 때 누리는 의와 평안과 기쁨을 누리지 못한 겁니다. 예수님은 바로 이런 생각이 바뀌기를 원하셨습니다. 하나님의 백성으로 선택된 유대인은 예수를 그리스도 곧 메시아로 인정하고 받아들여야 했습니다.

예수가 그리스도라는 사실은요. 하나님이 아브라함과 그의 자손에게 주신 약속이 성취하였다는 말입니다. 로마의 식민지로 전락한 땅에서도 하나님의 통치는 여전했음을 알리는 소식이었습니다. 하나님 나라를 선포하시고, 병을 고치시고, 각종 이적을 베푸시고 귀신을 쫓아내는 일 등은 하나님 나라가 현실이 되었음을 보여주는 계시였습니다. 그건 희망의 메시지였고, 복음이었습니다. 로마 사람들에게는 위협적인 메시지였으나, 그건 비유로 설명되었기에 그들은 깨닫지 못했습니다. 그러나 식민지 상태에서 절망 가운데 있는 하나님 백성에게는 새로운 나라에 대한 청사진이었습니다. 비록 비유로 말씀했어도 제자들에게는 깨달을 수 있도록 설명하셨습니다.

중생과 영생 그리고 하나님 나라

그러나 유대인은 예수가 그리스도라는 사실을 듣고 마음이 동하기는 했으나 인정할 수 없었고 받아들이지 않았습니다. 왜냐하면 예수가 자기들의 기득권에 도전했기 때문입니다. 그들은 기득권을 유지하고 그것을 즐기려 했습니다. 예수를 통제하려고 했지, 예수의 가르침을 받으며 그를 따르는 사람이 되기를 원치 않았습니다. 만일 그들이 예수를 그리스도로 인정한다면 그들은 무엇보다 먼저 자기의 기득권을 내려놓아야 했습니다. 왜냐하면 예수의 가르침을 인정하고 그의 제자가 되어야 했기 때문입니다. 종교 지도자로서 하나님 나라를 경험하기 위한 조건인 예수의 가르침을 따르는 일이 얼마나 힘들었는지는 중생의 의미를 물었던 니고데모나 영생의 가능성을 물었던 랍비와 부자 청년의 이야기를 통해 잘 알 수 있습니다.

유대인으로서 예수님의 제자가 되기 위해선 먼저 거듭나야 했습니다. 거듭나는 일은 하나님 나라와 관련해서 매우 중요한 의미가 있습니다. 니고데모와의 대화에서 예수님은 중생에 관해 가르치셨습니다. 나면서부터 유대인에게 주신 거듭남에 대한 가르침은 그 자체가 유대인에게는 적지 않은 도전이고 충격입니다. 그러나 예수님의 가르침에 따르면 중생은 하나님 나라를 볼 수 있는 조건을 갖추는 일이고 하나님 나라에 들어갈 수 있는 조건입니다. 하나님 나라를 식별하는 것이나 그 나라에 들어가는 일은 거듭나야만 가능한 일이라는 뜻입니다. 이 이야기의 정점은 요한복음 3:16입니다.

하나님이 세상을 이처럼 사랑하사 독생자를 주셨으니 이는 그를 믿는 자마다 멸망하지 않고 영생을 얻게 하려 하심이라.

그러니까요. 중생이란 예수님을 하나님의 아들로 믿고 그분이 오심으로써 일어나는 일을 진리로 받아들인 상태를 의미합니다. 예수가 그리스도이고 하나님의 아들이며 우리의 죄를 위해 오신 분임을 믿을 때 곧 믿는 자를 하나님 나라의 백성으로 받아들이기 위해 오신 분임을 믿을 때 거듭났다. 이렇게 말할 수 있다는 겁니다. 새로 태어난 생명은 하나님 나라의 삶을 의미합니다.

그런데요. 이 이야기를 듣는 니고데모는 지금 어디에 있나요? 더는 보이지 않습니다. 예수님이 말씀하시는 때에 그가 어떻게 반응했는지에 관해 성경은 침묵하고 있습니다. 이건 무엇을 의미해요? 유대인의 종교 지도자로서는 참으로 받아들이기 어려운 말씀이었다는 거죠. 성경에 나오지는 않아도 충분히 추측할 수 있습니다. 비록 니고데모가 예수님의 말씀을 끝까지 들었다 해도요. 자기가 어떻게 반응할지 알지 몰랐다는 겁니다. 제때 적합하게 반응하지 않은 건 순종하지 않았다는 것과 다르지 않습니다.

영생을 얻는 방법에 관해 물어온 랍비의 이야기는 어떤가요? 그는 예수님을 찾아왔습니다. 어떻게 해야 영생을 얻을지, 수많은 율법 가운데 특히 어떤 율법에 유념해야 할지 물었습니다. 예수님은 십계명을 말하고, 이어서 이것을 정리하며 말씀하시면서 하나님 사랑과 이웃 사랑을 말했습니다. 이에 랍비는 자신이 지금까지 잘 지켜온 것이라 여기며 자랑하고 싶은 마음에 '나의 이웃'이 누구인지를 물었습니다. 당시 유대 사회에서 이웃의 범위는 나를 중심으로 가족, 친족, 사회, 국가, 종교 등으로 확장됩니다. 이건 유대인의 의무였기에 경건한 사람이라면 누구든 실천하려 애쓰는 계명입니다. 유대 종교 밖의 사람은 이방인으로 여겨 이웃의 개념에 포함하지 않았습니다. 굳이 이방인에 대해 이웃 사랑을 실천하지 않아도 괜찮다는 말입니다. 이런 의미에서 랍비는 적어도 이웃 사랑을 잘 실천했다고 생각한 것 같습니다.

질문자의 마음을 잘 아셨던 예수님은 그가 이웃을 '나'를 중심에 두고 생각하고 있음을 간파하셨습니다. 그리고 이어지는 선한 사마리아 사람의 비유에서 이웃에 관한 생각을 수정하셨습니다. 내가 보살필 수 있는 사람 혹은 나에게 가까이 있는 사람이 이웃이 아니라 도움이 필요한 사람에게 도움을 베푸는 사람이 이웃이라는 것이었습니다.

계명을 순종함으로써 하나님 나라를 경험할 수 있다고 했습니다만, 그동안 계명을 지키는 일들이 지극히 자기중심적이었음을 폭로하는 이야기입니다. 이렇게 생각하는 건 하나님 나라와 거리가 멀다는 걸 비유를 통해 말씀하신 겁니다. 계명을 지키는 일이 하나님을 사랑하고 이웃을 사랑하는 일이라면, 특히 이웃 사랑은 나를 중심에 놓을 것이 아니라 도움이 필요한 사람을 중심에 놓고 생각해야 한다는 걸 말하고 있습니다. 이건 마태복음 25장의 양과 염소의 비유에서 더욱 분명하게 드러나고 있습니다.

영생을 얻기 위해 무엇을 해야 할지 물어온 또 다른 사람은 청년입니다. 그는 어려서부터 계명을 잘 지켜온 청년입니다. 예수님도 그를 칭찬할 정도입니다. 그는 기꺼이 예수님을 따를 마음도 있었습니다. 그러나 예수님은 그가 자신을 따르길 원한다면 가진 재산을 모두 팔고 가난한 자에게 나누어준 후에 따를 것을 말씀하셨습니다. 그 청년은 재물이 많은 까닭에 근심하며 돌아갔다고 했습니다. 영생을 원하면서도 정작 영생을 선물로 얻은 자로서 할 일은 못 하겠다는 거죠. 기대하고 기대하던 그리스도를 눈앞에 두고 있어도요. 하나님 나라를 경험하는 건 아닙니다. 부자 청년은 가진 재물에 매여 그리스도의 가르침을 따르길 포기했습니다. 그리스도의 가르침이 지배하는 나라, 순종하는 자에게 임하는 나라 곧 하나님 나라를 경험할 기회를 놓친 거죠.

찬양, 그 의미와 대상

지금까지 우리는 하나님 나라를 경험하는 조건으로 순종에 관해 살펴보았습니다. 이에 비해 하나님의 다스림을 받고 있다는 사실을 겉으로 드러내는 건 찬양입니다. 찬양은 여호와 하나님을 다른 신보다 더 높이는 일입니다. 음악만이 유일한 방법은 아니고요. 언어와 몸과 삶을 통해 가능합니다. 달리 말해서 우리를 다스리시고 돌보시는 분이 사람도 다른 신도 아니고 오직 여호와 하나님뿐임을 인정하고 선포하는 신앙 행위입니다.

왜 그래요? 왜냐면요. 찬양은 다른 신들보다 여호와 하나님을 더 높이는 일이고 하나님의 존재와 그가 행하시는 일을 높이며 인정하는 일이기 때문입니다. 하나님을 찬양한다는 건 다른 어떤 존재보다 하나님을 높이는 일입니다. 한 입으로 여호와를 찬양하고 우상을 찬양하는 건 있을 수 없습니다. 만일 그렇다면 이건 하나님이 가장 가증스럽게 생각하는 거고요. 다른 어떤 죄보다 더욱 큰 죄입니다.

성경에서 볼 수 있는 찬양은 창조에 관한 것, 구원에 관한 것, 각종 사안에서 돌보심에 관한 것, 기도 응답에 관한 것, 자연 만물의 질서에 관한 것, 다른 어떤 신보다 훨씬 뛰어난 하나님 자신에 대한 것, 존귀, 영광, 거룩, 공의, 정의, 인자, 진리, 신실 등 하나님의 속성에 관한 것, 하나님이 주권에 따라 그리고 섭리에 따라 행하시는 일들, 예수 그리스도를 통해 세상을 구원하시는 일, 성령을 통해 우리와 함께 계신다는 사실, 말씀과 성령을 통해 하나님의 뜻을 교회에 알려주신 사실, 하나님의 구원을 실행하신 예수 그리스도, 사람을 존귀하게 여기시는 하나님에 관한 것, 세상의 선과 악을 판단하시는 하나님에 관한 것 등이 있습니다.

이건 무엇을 말합니까? 하나님은 세상을 창조하시고 돌보시고 구원하시며 또한 심판하신다는 걸 말하고 있습니다. 하나님의 다스림을 인정하고 다른 어떤 신이 아니라 오직 여호와만이 세상의 주인이시고 세상을 다스리신다는 걸 찬양을 통해 선포한 겁니다.

찬양은 여호와 하나님의 참 하나님 되심을 인정하는 것이기에 하나님은 특히 당신의 백성에게서 찬양을 원하신 겁니다. 심지어 그들을 지으신 목적이 하나님을 찬양하게 하기 위함이라고까지 말씀하십니다. 하나님을 찬양함으로써 성도는 자신이 피조물이며 하나님의 백성임을 나타냅니다. 따라서 예수 그리스도를 믿어 하나님의 백성이 된 그리스도인은 찬양함으로써 혹은 찬양하는 동안 하나님 나라를 경험합니다.

찬양, 창조의 목적

그렇다면 찬양하는 자에게 무엇이 일어날까요? 하나님의 다스림을 받는 자로서 하나님과 그분의 행하심을 인정하고 높이는 사람에게 어떤 변화가 일어나겠느냐 하는 겁니다.

찬양은 여호와 하나님을 다른 신들보다 높이는 일이기에 찬양을 통해 영적 분별이 이루어집니다. 영적 분별력이 생긴다고 볼 수 있지요. 누가 참 하나님이냐? 이런 질문 앞에서 성경이 누구를 찬양하고 있는지, 찬송가에서 누구를 찬양하고 있는지를 살펴보십시오. 그건 모두 여호와 하나님입니다. 사람이 아닙니다. 우리의 구원을 위해 협력하시는 성부 성자 성령 하나님입니다. 그러므로 우리는 성경 말씀과 찬송가에 따라 하나님을 찬양함으로써 우상과 참 하나님을 분별합니다. 거짓 영과 성령을 분별합니다. 거짓 주님과 참 주님을 분별합니다. 거짓과 진리를 분별합니다.

찬양은 다른 동물에게는 허락되지 않고 오직 인간에게만 허락된 일입니다. 그러므로 찬양은 하나님의 형상을 따라 창조된 인간의 본질을 실행하는 일이라 볼 수 있습니다. 하나님이 원하시는 사람은 찬양하는 사람입니다.

인간은 하나님의 형상에 따라 만들어졌습니다. 이는 인간이 하나님을 닮았다는 건데요. 달리 말해서 모든 인간은 존재와 삶(말과 행위와 생각)과 관계를 통해 하나님을 나타내도록 부름을 받았다는 걸 의미합니다. 인간이 하나님의 다스림을 나타내는 것, 이것이 찬양입니다. 이에 반해 인간이 하나님을 나타내지 않는 삶을 사는 건 창조 목적을 위배하는 겁니다. 하나님을 믿는 사람은 의식적으로 하나님을 나타내도록 부름을 받습니다만, 엄밀히 말해서 믿지 않는 사람도 예외는 아닙니다. 비록 하나님을 믿지 않아도요. 그들은 양심을 따라 사는 가운데 하나님을 나타냅니다. 인간을 존중하고, 자연을 보호하는 삶을 통해 하나님을 나타냅니다. 진과 선과 미를 위한 삶을 통해서도 하나님을 나타냅니다. 하나님을 나타내도록 부름을 받았다는 사실에서 누구도 예외가 없습니다. 이 때문에 누구도 하나님의 심판대 앞에서 핑계를 대지 못합니다. 이것이 사도 바울이 로마서에서 말한 의미입니다(롬 1:20). 따라서 창조 목적에 가장 부합한 행위는 하나님의 다스림을 나타내는 건데요. 이건 찬양-과 예배-을 통해 가장 분명해집니다. 이사야 43:21은 바로 이런 의미를 말씀하신 겁니다.

찬양은 자기가 하나님의 백성임을 스스로 밝히는 일이고 하나님 나라 안에 있음을 드러내는 일입니다. 마귀는 찬양하는 자에게 접근하지 못합니다. 심지어 찬양을 통해 마귀를 내쫓을 수 있습니다. 이런 의미에서 찬양은 부름을 받은 자의 의무이지만 또한 성도의 특권이기도 합니다. 왜냐면 하나님 나라의 백성임을 선포하는 일이기 때문이고 누구도 이 사실을 흔들지 못하도록 자기를 지키는 신앙 행위이기 때문입니다.

찬양과 하나님 나라

하나님은 찬양하는 자에게 어떻게 반응하실까요?

사도행전 16장에 바울과 실라가 복음을 전하다 옥에 갇혔을 때 그들이 옥 안에서 기도하며 찬송했다는 기록이 있습니다. 다른 죄수들이 들을 수 있는 정도였습니다. 이에 갑자기 큰 지진이 나서 옥문이 열리고 바울과 실라를 포함해서 모든 죄수가 다 풀렸습니다. 이 모습을 본 간수가 자결하려고 할 때 바울이 제지하여 말렸습니다. 그리고 어떻게 하여야 구원을 받을 수 있는지 묻는 그에게 바울은 복음을 전했고, 이어서 그의 온 집안이 세례를 받았습니다.

이건요. 바울과 실라가 찬송을 수단으로 사용해서 옥에서 벗어날 수 있었음을 전하려는 것이 아닙니다. 사도행전의 저자 누가의 의도는, 그들은 다만 자유로운 상태에서뿐 아니라 옥에 갇혀 있을 때도 하나님의 다스림을 인정하고 높였다는 걸 밝힌 겁니다. 로마의 힘보다 하나님이 더 크시고 위대하신 분임을 찬송으로 드러낸 겁니다. 자유의 몸이었을 때이든 억압의 몸이 되었을 때이든 믿는 자는 하나님의 다스림을 받는다는 사실을 증언한 겁니다. 바울과 실라는 이것을 보이는 의미로 기도와 찬송을 했습니다. 찬송을 통해 그들은 하나님 나라의 현실을 인정하고 그의 다스림을 인정하는 신앙을 통해 곧 찬송을 통해 매인 자를 해방하시는 하나님의 다스림을 경험한 겁니다.

찬양 곧 하나님을 인정하고 높이는 자는 하나님의 다스림을 경험합니다. 비록 여전히 옥에 갇힌 상태라 해도 그렇고요. 심지어 영영 벗어나지 못해 옥에서 죽는다 해도 그렇습니다. 예수님은 십자가의 죽음을 통해서도 하나님을 인정하며 자기 영혼을 하나님께 맡김으로써 자기가 죽어도 하나님의 다스림이 중단되지 않음을 친히 보여주셨습니다. 이에 하나님은 부활을 통해 죽음의 권세를 이기신 것과 자기에게 복종하는 자를 부활시켜 줌으로써 하나님 나라의 권능을 보여주셨습니다. 하나님은 찬양하는 성도의 형편과 처지와 상황을 바꾸어줍니다.

회개

앞에서 이미 회개가 천국을 경험하도록 하는 한 계기임을 말했습니다. 그런데 다른 한편으로 세례 요한과 예수님의 설교에서 강조되고 있는 회개와 천국의 관계를 통해 드러나는 새로운 사실이 있습니다. 회개는 통치의 변화를 일으킨다는 겁니다. 삶이 자기 뜻대로 경영되지 않게 하거나 사단의 통치를 자기 삶에서 허용하지 않으려면(왜냐하면 그건 허무로 귀결하기에), 다시 말해서 하나님의 통치를 받고 하나님이 인도하시는 삶을 살고 싶다면, 회개해야 합니다. 단지 마음의 변화만이 아니라 삶도 바뀌어야 합니다.

하나님의 나라는 하나님이 다스리고 돌보시는 나라입니다. 그 나라가 도래한다는 건 하나님이 다스리지 않고 있는 나라를 전제합니다. 인간의 나라입니다만, 그건 사랑의 돌봄이 없고 정의로운 다스림이 없는 죄의 나라이고, 인간이 자기 소견에 옳은 대로 다스리는 나라입니다. 회개하지 않은 사람들이 제 뜻을 펼치며 사는 나라입니다. 결과는 허무입니다.

넷플릭스에서 제작하여 개봉한 드라마 〈카지노〉(강윤성, 2022~2023)의 결말은 인간이 돈으로 세상을 다스리려는 시도가 얼마나 허무한지를 잘 보여주었다고 생각합니다. 돈으로 통치자 위에 군림하려는 자는 자기가 가장 아끼는 부하직원에 의해 살해당해 종말을 맞습니다. 인간의 욕망이 다스리는 인간의 나라의 허무한 결과를 잘 보여주었다고 생각합니다. 권력으로 무력으로 세상을 다스리려는 시도는 역사에서 끊이지 않았습니다. 그 결과는 모두 한결같습니다. 허무한 종말입니다.

그렇다면요. 하나님의 나라가 이런 나라에 임할 때 어떤 일이 일어날까요? 그건 심판이 아닐까요? 하나님의 다스림을 인정하지 않은 자, 하나님을 참 하나님으로 인정하지 않은 자, 하나님의 다스림을 받아들이길 거부한 자는 하나님 나라가 임할 때 심판을 받습니다. 하나님이 심판하신다기보다는요 그 나라를 거부함으로써 은혜를 거부하여 결국 자기 스스로 심판을 초래하는 겁니다. 만일 하나님을 예배하기 싫어하는 사람이 본인 의사에 반하여 하나님을 예배하는 곳으로 옮겨진다면 어떨까요? 예배의 아름다움에 덩달아 하나님을 예배할 가능성이 없진 않겠지만, 모르긴 해도 지옥이 따로 없다고 여길 사람들이 많을 겁니다.

탕자의 비유에서 볼 수 있듯이, 자기 잘못을 깨닫고 애통하며 아버지께로 돌아와야 합니다. 삭개오처럼 삶의 방식이 변해야 합니다. 그동안 보고 생각하고 판단했던 방식이 변해야 합니다. 예수님의 제자가 되고자 했으나 재물이 많아서 근심하며 돌아선 부자 청년과 달리 삭개오는 예수님을 영접한 후에 재물에 대한 관점이 바뀌었습니다. 예수를 만나 새로운 세상을 경험하게 된 삭개오는 그에 대한 반응으로 회개의 결실을 나타내 보였습니다. 이것이 하나님의 다스림을 받는 자의 모습입니다. 결실이 없는 회개는 아직 하나님 나라에 대한 가치를 인정하지 않았거나 그것의 존재를 깨닫지 못했단 증거입니다. 하나님 나라는 하나님께로 돌아가는 자 곧 회개하는 자에게 임합니다. 회개하는 사람이 하나님 나라를 경험할 수 있는 거죠.

하나님의 다스림과 인간의 다스림

하나님의 다스림과 관련해서 생각할 건 인간의 통치 행위입니다. 하나님의 통치와 인간의 통치는 서로 어떤 관계에 있는가 하는 겁니다. 이 문제와 관련해서 가장 확실한 대답은 솔로몬의 잠언에서 찾을 수 있습니다.

사람이 마음으로 자기의 길을 계획할지라도 그의 걸음을 인도하시는 이는 여호와시니라(잠언 16:9).

하나님은 섭리 가운데 세상을 다스리지만, 자연의 운행 원리와 피조물의 순종을 사용하여 다스립니다. 특히 후자는 역사를 통해 각종 정치제도의 성립으로 이어졌습니다. 제정일치의 신정정치로부터 시작해서, 공화정치, 전체주의(독재), 민주주의, 사회주의, 사회적 민주주의 등입니다. 경제 제도를 바탕으로 본다면 자본주의와 공산주의가 있습니다. 물론 혼합 형태의 제도도 있습니다. 이들 정치 경제 체제는 역사의 부침 과정을 거쳐 오늘에 이르렀습니다. 현재는 민주주의와 사회주의, 자본주의와 공산주의로 양분했고, 양쪽이 서로 섞여 있다 볼 수 있습니다. 이 가운데 하나님의 통치를 가장 잘 반영하는 정치제도는 어느 것인지, 이를 두고 많은 논란이 있습니다.

현실적으로 지배적 경향은 민주주의와 자본주의입니다. 러시아나 중국도 자본주의를 상당 부분 채택하고 있기 때문입니다. 심지어 북한 사회에도-예컨대 장마당-일부 반영되고 있습니다. 사회주의와 민주주의의 갈등은 쉽게 해결될 것 같지 않습니다. 역사의 종말을 언급하며 사회주의의 붕괴를 말한 역사철학자(Francis Fukuyama)도 있지만요. 예상대로 그렇게 진행되고 있진 않습니다. 지금으로서는 민주주의가 가장 바람직하다. 이렇게 생각합니다만, 사회주의가 지향하는 보편 복지에 관한 관념이 확산하는 걸 보면 그것만이 최선은 아닌 것 같습니다. 어떤 정치든 바람직한 건 갈등하는 제도의 장점을 잘 융합하여 반영하는 것이 아닐까 생각합니다.

그러나 엄밀히 말해서 역사는 제도를 통해서보다는 비제도적인 것들에 더 큰 영향을 받습니다. 일반적으로 볼 때 사람은 이성보다는 감정에 더 큰 영향을 받고, 사람의 성장과 관련해서는 제도권 교육보다 비제도권 교육의 영향력이 더 크고요. 삶의 문제를 해결하는 데 있어서 제도권 종교보다 비제도권 신앙심의 역할이 더 큽니다. 오늘 대한민국 사회에서 큰 이슈입니다만, 가장 엄정해야 할 재판마저도 판사의 정치적 성향에 따라 정의와 불의 사이에서 갈팡질팡합니다(전 3:16). 정치 역시 숙성되기 전까지는 제도권보다는 비제도권 운동의 영향력이 더 큽니다.

이건 무엇을 말할까요? 인간의 행동은 예측할 수 없으며, 따라서 사람이 어떤 계획을 한다 해도 예측할 수 없는 또 다른 인간 행동과의 충돌 때문에 자기가 원하는 대로 이루어지지 않는다는 겁니다. 이걸 무시하고 자기 의견을 관철하려 할 때 폭력과 인권 침해가 발생합니다. 앞서 인용한 솔로몬의 잠언은 이걸 두고 말한 것입니다(잠 16:9).

모든 것이 불확실하기에 그리스도인은 하나님의 다스림을 받으며 살 때 하나님 나라를 경험하는 가장 확실한 길을 걸을 수 있습니다.

하나님 나라에 합당한 통치의 비결

그렇다면 사람의 나라에서 하나님 나라에 합당한 다스림을 실천하는 길은 무엇일까요? 이 질문과 관련해서 무엇보다 강조할 점은 우주 안의 모든 행성 운동이 갖는 두 초점 현상입니다. 모든 행성이 타원 궤도를 도는 건 만유인력의 작용으로 인해 두 초점을 갖기 때문입니다. 세상에 있는 모든 건 관계 안에서 존재합니다. 교회 역시 하나님과 사람의 상호 관계가 작용합니다. 따라서 교회에서도 두 초점을 갖는데요. 하나님 중심과 인간 중심의 신앙생활이 그것입니다. 마지막 날까지 양자는 어느 한쪽으로 완전히 기울지 않습니다. 교회가 두 초점 가운데 어느 한쪽으로 기울면 문제가 발생합니다. 이를 피하기 위해선 두 초점에 맞추어 움직여야 하는데요. 이것이 하나님 나라에 합당한 다스림의 비결입니다. 요즘엔 생태계 문제가 심각하게 대두하면서 다초점을 말할 수 있겠습니다. 하나님과 인간 그리고 자연 사이에서 균형을 잡는 신앙을 말합니다.

인간은 무질서와 혼돈을 극복하기 위해 그리고 더 나은 문명을 건설하기 위해 제도를 만들고 제도에 따라 다스리지만요. 실상은 비제도적인 것, 비합리적인 것, 초월적인 것에 의해 더 큰 영향을 받습니다. 양자는 서로 갈등하는 가운데서도 공존을 위한 조정점을 찾아가는 것이 사회를 이끄는 동력입니다. 교회는 이것을 세상 가운데 보여주도록 부름을 받습니다.

그러나 교회 역시 제도권에 속한 것이기에 비교회 현상과 역학관계에 놓입니다. 교회 밖 신앙 운동(여러 기독교 단체, 가나안 성도, 온라인 교회, NGO 등)이나 이단 사이비 등이 대표적입니다. 양자의 갈등이 만들어내는 소용돌이에 휘말리지 않기 위해서는 처음부터 하나님을 바르게 알고 하나님을 인정하며 하나님의 말씀대로 사는 것이, 비록 예측할 수 없는 일이라도, 하나님의 다스림을 경험하는 지름길입니다. 왜냐면 하나님은 세상을 말씀으로 창조하셨고 자기 백성에게 말씀을 주시어 순종하게 하심으로써 결국 말씀을 통해 세상을 다스리고 돌보시기 때문입니다.

하나님이 다스리도록 한다는 걸 두고 하나님 중심이라 말한다 해도 인간과 자연을 배제하면 안 되고요. 인간이 다스린다고 해서 자연의 운행 원리를 교란하거나 하나님의 다스림을 배제해선 안 됩니다. 자연환경을 보존한다는 이유로 인간을 배제하거나 하나님 중심의 신앙을 간과하는 일이 발생해서도 안 될 겁니다.

복습과 실천을 위한 묵상

1) 하나님의 다스림이란 구체적으로 무엇을 가리키나요?
인간의 다스림과 어떤 차이가 있을까요?

2) 하나님의 다스림에 대한 구체적인 사례들을 성경에서 찾아보십시오(시편 23, 단 4).
(예: 창조, 출애굽, 사사, 선지자, 제사장, 왕, 예언과 성취, 율법과 복음, 예수 그리스도, 성령, 심판과 구원)

3) 하나님의 다스림을 받는 사람과 그것을 알지 못하는 사람 그리고 알아도 인정하길 거부하는 사람의 특징에 대해 살펴봅시다.
사람들은 왜 하나님의 다스림을 거부할까요? (삼상 8, 사무엘에게 왕을 구하는 이스라엘 백성)

4) 우리가 왜 하나님의 다스림을 받아야 하는지 그 이유에 대해 살펴봅시다.

5) 하나님의 뜻이 내게 일어나도록 하는 것과 그 뜻이 나를 통해 이루어지도록 하는 것. 이 두 가지의 의미에 대해 생각해봅시다.

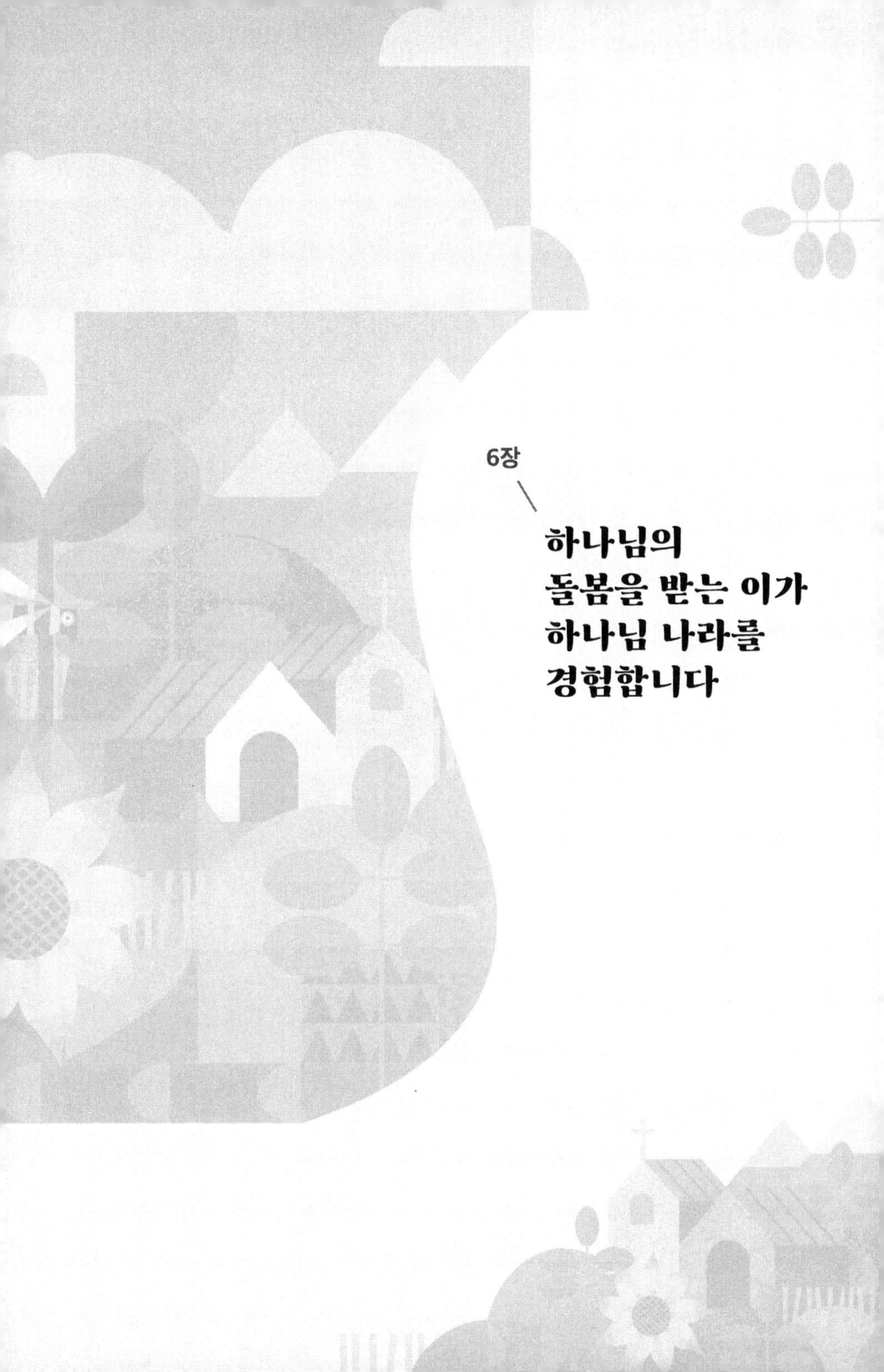

6장

하나님의 돌봄을 받는 이가 하나님 나라를 경험합니다

6장 핵심 내용

돌봄은 창조주 하나님이 피조물의 생명과 풍성한 삶을 위해 행하시는 일입니다. 하나님 나라는 하나님의 돌봄입니다.
하나님은 돌봄의 직분을 인간에게 위임하셨습니다(창 1:26, 2:15). 땅에서 사람을 통해 나타나는 하나님의 보살핌입니다. 하나님의 돌봄을 받아들이는 사람은 하나님 나라를 경험합니다.
그러므로 성도에게 관건은 하나님의 돌보심을 알고 먼저는 그것이 자기에게 일어나도록 하는 겁니다. 그 후 돌봄을 사람들에게 나누면서 하나님의 돌봄이 어떠한지를 보이고 이웃의 삶을 풍성하게 하는 겁니다.
돌봄은 이기적이고 자기중심적인 삶과 정반대에 있는 이타적 삶의 모습입니다.

돌봄

돌봄은 인간의 삶에 없어서는 안 되는 일입니다. 아이에게 돌봄이 없으면 죽고, 성장하는 청소년에게 돌봄이 없으면 건강 상실이나 인격 장애가 생기고, 어른에게 돌봄이 없으면 고독하고 외롭고 우울한 날의 연속입니다. 예수님도 돌봄이 필요한 아기로 이 땅에 오셨습니다. 돌봄은 창조주 하나님이 피조물의 생명과 풍성한 삶을 위해 행하시는 일입니다. 하나님 나라는 하나님의 돌봄입니다.

그런데 하나님은 돌봄의 직분을 인간에게 위임하셨습니다(창 1:26, 2:15). 땅에서 사람을 통해 하나님이 보살피는 곳, 그곳에서 하나님의 돌봄을 받아들이는 사람은 하나님 나라를 경험합니다. 그러므로 성도에게 관건은 하나님의 돌보심을 알고 먼저는 그것이 자기에게 일어나도록 하는 겁니다. 그 후 돌봄을 사람들에게 나누면서 하나님의 돌봄이 어떠한지를 보이고 이웃의 삶을 풍성하게 하는 겁니다. 돌봄은 이기적이고 자기중심적인 삶과 정반대에 있는 이타적 삶의 모습입니다.

한글로 '돌보다'로 번역된 히브리어는 받아들이다, 생각하다, 권고하다, 기억하다 등의 말인데요. 개역 개정판 성경은 이것들을 일괄적으로 '돌보다'로 번역했습니다. 하나님이 받아들이시는 일이나 생각하시는 일이나 권고하시거나 기억하시는 일 등은 모두 인간의 생명을 풍성하게 하려는 하나님의 돌봄이라는 뜻이죠. 대표적인 본문으로는 시편 8:4이고 그 밖의 다른 본문은 다음과 같습니다.

> 사람이 무엇이기에 주께서 그를 생각하시며 인자가 무엇이기에 주께서 그를 돌보시나이까(시 8:4).

> 요셉이 그의 형제들에게 이르되 나는 죽을 것이나 하나님이 당신들을 돌보시고 당신들을 이 땅에서 인도하여 내사 아브라함과 이삭과 야곱에게 맹세하신 땅에 이르게 하시리라 하고(창 50:24).

> 네 짐을 여호와께 맡기라 그가 너를 붙드시고 의인의 요동함을 영원히 허락하지 아니하시리로다(시 55:22).

> 그는 우리의 하나님이시오 우리는 그가 기르시는 백성이며 그의 손이 돌보시는 양이기 때문이라(시 95:7).

> 너희 염려를 다 주께 맡기라 이는 그가 너희를 돌보심이라(벧전 5:7).

여기에 더해 돌보다는 말이 사용되지는 않았으나 돌보는 행위를 가리키는 표현이 있습니다. 백성들을 안고(신 1:31; 사 46:3), 업고(출

19:4; 신 32:11; 사 46:3-4), 품는다(사 46:4)는 말이 그것입니다.

또한 하나님이 관심을 두고 보살피시는 행위로 표현된 것도 있습니다. 예컨대 예수님은 하나님의 돌보심을 자연에 빗대어 말씀하셨습니다.

… 그러나 너희 아버지께서 허락하지 아니하시면 그 하나도 땅에 떨어지지 아니하리라 너희에게는 머리털까지도 다 세신 바 되었나니 두려워하지 말라 너희는 많은 참새보다 귀하니라(마 10:29-31).

이사야는 비록 돌보신다는 표현은 사용하지 않았어도 이스라엘을 향한 하나님의 돌보심을 다음과 같이 말했습니다.

여인이 어찌 그 젖 먹는 자식을 잊겠으며 자기 태에서 난 아들을 긍휼히 여기지 않겠느냐? 그들은 혹시 잊을지라도 나는 너를 잊지 아니할 것이라(사 49:15).

헬라어 표현으로 돌보다는 어떤 사람을 인정하다, 보살피다, 은혜롭게 대해 주다, 이런 뜻으로도 사용되는데 누가복음 1:68에 사용되었습니다(눅 19:44; 행 15:14).

찬송하리로다 주 이스라엘의 하나님이여 그 백성을 돌보사 속량하시며

하나님의 돌봄

하나님은 창조 이후 지금까지 당신의 피조물을 보살피는 일을 중단하신 적이 없습니다. 창세기 저자는 1장에서 하나님이 세상을 창조하셨음을 말한 후 2장에서는 인간을 향한 여호와 하나님의 관심을 세밀하게 보이고 있습니다. 특히 인간과 환경과의 관계, 인간과 인간과의 관계, 인간과 하나님과의 관계 등에 관한 것들을 말하는데요. 이런 주제의 이야기를 통해 말하고자 하는 건 하나님이 인간을 돌보신다는 겁니다.

창세기 1-2장은 이걸 네 가지 모습으로 소개하고 있습니다. 각각에 대해 살펴보면서 하나님의 돌봄에 관해 설명하겠습니다.

첫째, 하나님은 인간을 돌보시면서 인간이 살 수 있는 최적의 환경을 만들어 주셨습니다. 온갖 자원과 먹거리로 풍부한 에덴(환희의 동산)을 주셨고, 그 주변에는 강들이 흐르도록 하셨습니다. 풍성한 동산과 물이 사방으로 흐른다는 건 사람이 살기에 최적의 장소라는 거죠.

부익부 빈익빈 현상으로 한쪽에서는 먹거리가 넘쳐나고 다른 한쪽에서는 부족하여 굶주림을 호소하고 심지어 굶어 죽는 일도 일어나는 현실에서 하나님의 돌봄을 말하는 건 이해하기 쉽지 않습니다. 설상가상으로 환경이 오염되고 파괴된 현실을 직면하고 있는 오늘날 하나님의 돌봄을 말하면서 하나님 나라에 관해 생각한다는 건 무의미하게 들립니다. 귀 기울여 듣는 이가 없는 현실에선 정말 공허합니다.

둘째, 하나님은 인간을 돌보시면서 인간이 거할 장소를 주셨고 그곳에서 노동하며 살도록 하셨습니다. 다시 말해서 에덴에서 살도록 하셨고 그 땅을 경작하며 지키게 하셨습니다. 노동이 마치 저주의 결과처럼 여겨지는 경향이 있습니다만, 그건 타락 후 결과일 뿐입니다. 노동은 죄를 지은 후에는 생계를 위한 수단으로 전락했습니다. 그러나 노동은 원래 하나님이 사람을 돌보시는 한 방법입니다. 인간은 노동을 통해 자연 만물을 다스리고 관리합니다. 시편 8:4에선 인간을 특별하게 돌보시는 한 방법으로 소개하고 있습니다.

사람이 무엇이기에 주께서 그를 기억하시며 인자가 무엇이기에 주께서 그를 돌보시나이까

셋째, 인간을 돌보시는 한 방법으로 율법을 주셨습니다. 이를 통해서 하나님은 인간이 하나님과의 관계에서 할 수 있는 것과 해서는 안 될 것에 대해 말씀하셨습니다. 죄의 노예가 되지 않는 길을 보여주신 것인데요. 이는 엄밀히 말해서 하나님과의 관계에서 영생을 누리게 하기 위함입니다.

> **여호와 하나님이 그 사람에게 명하여 이르시되 동산 각종 나무의 열매는 네가 임의로 먹되 선악을 알게 하는 나무의 열매는 먹지 말라 네가 먹는 날에는 반드시 죽으리라(창** 2:16-17).

넷째, 하나님은 인간을 돌보시면서 홀로 있는 걸 좋지 않게 보시어서 그와 함께 할 또 다른 사람을 만드시되 특별히 서로 돕는 관계에서 살아가도록 만드셨습니다(창 2:18, 21-24). 홀로 있는 사람을 보면서 하나님이 '돕는 배필'(창 2:18)을 생각하셨다는 건요. 사람이 혼자 살지 않고 누군가와 함께 산다는 건 서로 돕기 위함이라는 걸 의미합니다. 함께 살되 서로 돕지 않고 산다는 것에 관해 절대 생각할 수 없는 것이 사람입니다. 만일 그렇다면 그건 잘못된 관계입니다. 여자를 돕는 배필로 삼으신 것이 아니라 돕는 배필에 적합한 존재로 하나님이 선택하신 사람이 여자입니다.

달리 말해서 하나님이 사람을 만드시고 다른 사람을 만들어 함께 살도록 하셨다는 건요. 사람은 서로 도우며 살아야 한다는 겁니다. 사람이 서로 돕지 않고 자기 홀로 살려고 하거나 이기적으로 사는 건 하나님의 창조에서 벗어나는 일이고요. 심지어 그건 죄입니다. 모든 사람은 자연을 돌보고 관리하도록 부름을 받을 뿐 아니라 또한 서로 도우며 살도록 부름을 받는다, 이렇게 말할 수 있습니다.

돕는 배필

그러면 왜 하필 '돕는 배필'일까요? 이건 하나님의 형상에 따라 만들어졌다는 사실과 어떤 관계가 있을까요?

과거 이것을 여자에게 적용하여 여성을 부수적인 존재로 생각하던 때가 있었습니다. 지금까지도 지구촌 곳곳에서는 가부장적 문화라는 이름으로 전승되고 있습니다. 이는 아주 잘못된 해석입니다. 아담을 먼저 만드시고 돕는 배필을 만드시는 과정에서 그의 갈비뼈를 취해 여자를 만드셨으나 그렇다고 해서 여자의 존재를 돕는 배필로 특정하는 건 잘못입니다. 돕는 역할을 여자에게만 할당하는 것도 옳지 않습니다. 돕는 배필이라는 명사는 여성이 아닙니다. 그러니까요. 사람의 돕는 배필을 위해 하나님이 적합한 자로 생각하여 선택한 존재가 바로 여자였다는 겁니다. 도우시는 하나님이 당신을 나타내 보이실 존재로 여성을 택한 겁니다. 물론 돕는 배필로 만드셨다는 건 인간을 상호관계 곧 서로 돕는 관계로 이해해야 함을 의미합니다. 이와 관련해서 아담이 여자를 보고 어떻게 반응했는지를 보면 좋겠습니다.

여호와 하나님이 아담에게서 취하신 그 갈빗대로 여자를 만드시고 그

를 아담에게로 이끌어 오시니 아담이 이르되 이는 내 뼈 중의 뼈요 살 중의 살이라 이것을 남자에게서 취하였은즉 여자라 부르리라 하니라 (창 2:23).

하나님이 아담이 잠든 사이에 만드셔서 데려온 돕는 배필인 여자를 보고 아담이 비로소 자기를 '남자'로 인식하였다는 건 결단코 간과해서는 안 되는 정보입니다. 인용한 성경은 자기를 남자로 인지한 아담의 반응은 여자가 자기 같은 존재임을 인정하는 시적 표현입니다.

이점은 특히 바울에게서 분명하게 드러납니다. 바울은 교회 내 상호관계를 말하면서 남편과 아내의 상호관계를 분명하게 밝혔습니다. 아내는 남편을 교회가 그리스도를 섬기듯 하고 남편은 아내를 그리스도가 교회를 사랑하듯 그렇게 사랑하라 했습니다. 남자가 여자의 머리라는 건 당시 몸에 대한 의미를 생각한다면 지어진 순서에서 처음을 의미하는 것이지 가치에서 더 중요하다거나 등급에서 우위에 있다는 의미는 아닙니다.

하나님은 도우시는(돌보시는) 분

한편, 하나님이 또 다른 사람을 만드시면서 돕는 배필에 관해 생각하셨다는 구약의 기록에는 이유가 있습니다. 그건 하나님은 인간과의 관계에서 당신이 돕는 분으로 계시하시기 때문임을 나타내기 위함입니다. 이건 하나님의 이름 계시에서 잘 나타나 있습니다.

모세에게 처음 계시한 이름의 뜻을 그리스 역본(70인경)에 따라 '스스로 있는 자'로 번역하였으나, 엄밀히 말해서 이건 그리스어를 바탕으로 번역한 것이고 '하야' 동사의 미완료형(imperfect)을 현재형으로 번역한 결과입니다. 이를 통해 자존자(自存者)라는 최고신의 위치를 부각하고자 한 거죠.

그런데 미완료형은 현재와 현재진행 그리고 미래와 미래완료를 포함하는 시제입니다. 문맥에 따라 히브리어를 읽으면 이건 미래형으로 읽는 것이 자연스럽습니다. 종교개혁자 마르틴 루터(Martin Luther)와 철학자 마르틴 부버(Martin Buber)를 포함해서 일부 현대 구약학자들은 이 번역을 지지합니다(W. H. Schmidt). 만일 미래형으로 읽는다면 이름은 한자어 자존자(自存者)의 뜻인 '나는 스스로 있는 자'보다는 '돕는 자'에 더 가깝습니다. 달리 말해서 여호와 이름의 뜻은 '누구든지 이름을 부르며 기도하는 자에게 오셔서 도움을 베푸시는 분'이라는 겁니다.

함께 있는 사람을 만드시되 '돕는 배필'로 만드셨다는 건 한편으로 사람은 서로 돕는 존재로 살아야 한다는 것이며 다른 한편으로 하나님이 도움을 베푸실 때는 사람을 통해 도우신다는 의미로 이해할 수 있습니다. 사람을 하나님의 형상으로 만드신 이유 가운데 하나라고 볼 수 있습니다. 무슨 말이에요?

하나님의 형상으로 만들어졌다는 건 하나님을 닮았다는 겁니다. 이건 하나님의 부르심이라고 볼 수 있습니다. 곧 사람은 하나님의 형상으로 만들어졌기에 누구든지 하나님을 나타내 보이는 삶으로 부름을 받습니다. 그러니까요. 사람은 도움이 필요한 이를 도울 때 비로소 서로에게 하나님을 나타낼 수 있고 서로 도움을 통해 서로에게서 하나님을 경험할 수 있습니다. 서로 돕는 삶은 이웃 사랑이며 그것은 곧 하나님의 사랑을 소통하는 방법입니다. 이로써 사람은 서로에게서 하나님을 경험하고 서로에게 하나님을 나타내며 살라는 부르심에 합당하게 살 수 있게 됩니다. 달리 말해서 하나님의 돌보심은 바로 서로 도움을 통해 일어납니다.

하나님의 돌봄을 받는다는 것

이제는 하나님의 돌봄을 받는 일에 관해 생각해보겠습니다.

하나님의 돌봄을 받는다는 말은 무슨 뜻인가요? 외부의 공격을 받거나 삶의 어려움을 만날 때 하나님을 피난처로 삼고 그분의 도움을 받으며, 그분의 부재를 느낄 때는 다른 것을 의지하지 않고 오직 하나님의 약속을 신뢰하여 하나님의 보호를 기대한다는 의미입니다. 슬픔과 고통을 겪는 때라도 하나님의 위로를 기대한다는 겁니다.

이는 그가 너를 새 사냥꾼의 올무에서와 심한 전염병에서 건지실 것임이로다 그가 너를 그의 깃으로 덮으시리니 네가 그의 날개 아래에 피하리로다 그의 진실함은 방패와 손 방패가 되시나니 너는 밤에 찾아오는 공포와 낮에 날아드는 화살과 어두울 때 퍼지는 전염병과 밝을 때 닥쳐오는 재앙을 두려워하지 아니하리로다(시 91:3-6).

하나님이 돌보심은 우리가 그를 예배해야 하는 이유입니다.

오라 우리가 굽혀 경배하며 우리를 지으신 여호와 앞에 무릎을 꿇자 그는 우리의 하나님이시오 우리는 그가 기르시는 백성이며 그의 손이 돌보시는 양이기 때문이라…(시 95:6-7).

서로 사랑하고 서로 돕고 서로 세우는 삶

하나님의 돌봄은 구체적으로 어떤 방식으로 경험되고 인간에 의해 실천될까요?

서로 사랑하고 서로 돕고 서로 세우는 삶입니다. 하나님은 인간을 만드시고 그를 위해 돕는 배필을 만들었습니다. 인간은 상호관계 안에서 살아가야 하나님의 뜻에 부합하는 삶을 사는 것이란 뜻이죠. 서로 돕는 삶을 통해 우리는 하나님이 도우시는 분임을 세상에 보이고 하나님이 우리를 돌보심을 경험합니다(창 2:18, 20; 고전 12:28).

예수님은 서로 사랑을 말씀하시면서, 사람들이 예수님의 제자임을 식별하는 원리로 혹은 새 계명으로 말씀하셨습니다(요 13:34, 15:12; 벧전 1:22). 다시 말해서 우리가 서로 사랑할 때 사람들은 우리를 보고 예수님을 알아본다는 말입니다. 서로 사랑을 통해 우리는 하나님이 우리를 돌보심을 경험하고, 세상에 예수님을 보입니다.

사도 바울은 예수 죽음의 목적을 성도로 하나님 앞에서 거룩하고 흠 없고 책망할 것이 없는 자로 세우는 것이라 했습니다(골 1:22). 또한 올바른 가르침을 전하는 목적을 "각 사람을 그리스도 안에서 완전한 자로 세우려 함"(골 1:28)이라고 했고, 로마서와 고린도서에서는 무엇을 하든 교회의 덕을 세우기 위해 할 것을 강조하였습니다(롬 14:19; 고전 14:5, 14:12, 14:26; 고후 12:19; 엡 4:29; 살전 5:11). 교회의 덕을 세운다는 말은 자기가 옳다고 여기는 걸 관철하기보다 교회 공동체가 서로를 세우는 일을 말합니다. 그리고 빌립보 교회에 보내는 편지에서 예수의 마음을 전하면서 자기보다 남을 더 낫게 여기라 말했습니다. 이걸 달리 말한다면 나를 주장하기보다는 다른 사람을 세워주라는 말이지요. 이건 공동체에서 서로를 세워주는 삶을 살라는 뜻입니다.

서로 사랑하고, 서로 돕고, 서로를 세워주는 삶을 통해 공동체는 하나님의 돌보심을 경험하며 삽니다. 사랑받고 도움을 받고 세움을 받으면서도 하나님의 돌보심을 경험하지 못하는 건 관계 속에서 그리고 관계를 통해 일하시는 하나님을 모르기 때문입니다. 하나님의 돌보심은 사람을 통해 나타나는데, 이건 상호관계를 통해 경험됩니다.

복습과 실천을 위한 묵상

1) 하나님은 세상을 어떻게 돌보시는지 정리해보십시오.
보이지 않는 하나님이 세상을 돌보시는 모습을 표현하는 비유를 하나 소개해보십시오.

2) 우리가 하나님의 돌봄이 필요한 이유는 무엇인가요?

3) 하나님의 돌봄을 받는 사람과 돌봄을 거부하거나 알아도 인정하지 않는 사람의 차이는 무엇인가요?

4) 하나님의 돌봄을 세상 가운데 나타내는 구체적인 방법을 알아봅시다.

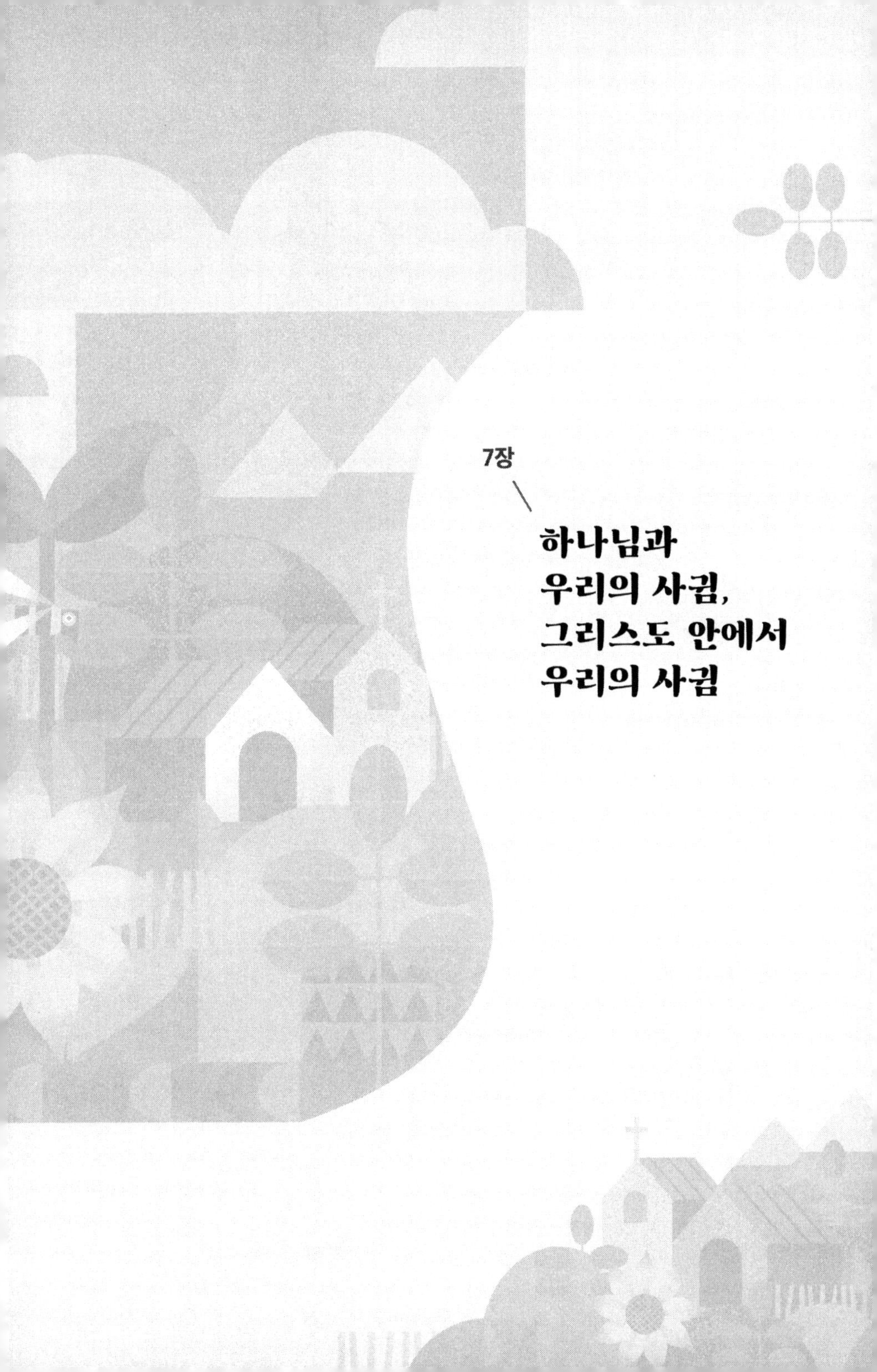

7장

하나님과 우리의 사귐, 그리스도 안에서 우리의 사귐

7장 핵심 내용

요한1서에 사용된 '사귐'의 원어는 코이노니아(koinonia)입니다. 이것은 단순히 '사이좋게 지낸다'라는 의미를 넘어서, 나의 것을 나눈다는 의미의 '나눔'(히 13:16; 고후 9:13), 서로 하나가 된다는 '교통'(혹은 공동체 고전 1:9; 고후 13:13), '참여'(빌 3:10; 고전 10:16; 고후 8:4) 곧 '무엇을 공유하다' 뜻으로 번역되는 말입니다. 친밀한 관계뿐만 아니라 이를 통해 이르게 되는 결과까지도 내포합니다. 이 가운데 가장 기본적인 의미는 나의 것을 나누어 다른 사람과 공유한다는 겁니다.

하나님과 아들 예수 그리스도 사이에 이루어진 이 친밀한 사귐은 모든 사귐의 원형입니다. 이 사귐 안으로 받아들여지는 건 하나님 나라 안으로, 하나님의 영광 안으로 들어가는 겁니다. 사귐이 하나님 나라를 경험하는 길인 이유는 바로 여기에 있습니다.

문제는 하나님과 우리의 사귐이 도대체 어떻게 가능한가 하는 건데요. 예수 그리스도 안에서 아버지와 아들의 사귐에 참여할 수 있습니다. 하나님과의 기본적인 사귐은 한편으로는 기도하고 말씀을 읽거나 듣거나 찬양을 통해 이루어지고, 다른 한편으로는 이웃을 섬기고 사랑하는 삶을 통해서 이루어집니다.

태초부터 있는 생명의 말씀에 관하여는 우리가 들은 바요 눈으로 본 바요 자세히 보고 우리의 손으로 만진 바라 이 생명이 나타내신 바 된지라 이 영원한 생명을 우리가 보았고 증언하여 너희에게 전하노니 이는 아버지와 함께 계시다가 우리에게 나타내신 바 된 이시니라 우리가 보고 들은 바를 너희에게도 전함은 너희로 우리와 사귐이 있게 하려 함이니 우리의 사귐은 아버지와 그의 아들 예수 그리스도와 더불어 누림이라 우리가 이것을 씀은 우리의 기쁨이 충만하게 하려 함이라(요일 1:1-4).

인간은 사회 안에서 존재하고 사회 안에서 살아갑니다. 그래서 '인간은 사회적 동물'로 정의합니다. '사회적'이란 '관계'를 전제하고 그 관계 속에서 상호작용한다는 것을 의미합니다. 사회적 동물이란 인간이 수많은 관계 속에서 상호작용하며 살아간다는 것을 가리킵니다. 바람직한 인간 사회는 건강한 상호관계가 작용합니다. 이런 사회에서 인간은 안전과 기쁨 그리고 평안을 느낍니다.

현대인은 과거에는 상상하기 어려운 복잡한 그물망처럼 얽혀 있는 관계 속에서 살아갑니다. 너무 복잡해서 어느 한 부분에 손상을 입으면 그곳이 어딘지를 찾아내기가 어렵습니다. 시대가 가면 갈수록 그

복잡함은 더해 갈 것입니다. 어느 정도 한계에 도달하면 통제하는 세력이 나타나 강제적으로 단순화 작업을 시행할 것입니다만, 그것의 성공이 요원해 보이는 건 사실입니다. 요즘 심리학, 정신 분석학, 심리 치료나 내적 치유, 일반상담이나 목회 상담 그리고 뇌 과학과 같은 전문 분야가 대중의 많은 관심을 끌고 있습니다. 이는 관계라는 그물망이 현대 사회에서 얼마나 많은 부분을 차지하고 있고 관계에 얽힌 문제가 얼마나 많은지를 잘 보여주는 현상입니다.

한 사회나 집단의 성공은 관계를 어떻게 형성하고 유지해나가는가에 달려 있다고 말할 수 있습니다. 관계가 잘못되면 질서가 무너집니다. 무너지는 이유는 여럿입니다만 대개는 힘의 균형이 깨지기 때문입니다. 질서가 바르지 않으면 관계 역시 복잡하게 꼬입니다. 관계가 제대로 정립하지 않은 집단은 불안을 느끼는 상태를 넘어 위기의식을 강하게 느끼게 되고, 그 위기를 극복하기 위해 강력한 힘을 요청합니다. 결국 독재자의 출현을 부추깁니다. 그러므로 만일 어떤 한 사회가 강력한 힘을 꿈꾸는 일이 생긴다면, 사회 구성원들의 관계가 비록 위기는 아닐지라도 심각한 상태임을 말해줍니다. 불행이 임박해 있음을 알리는 전조입니다. 구성원이 바른 관계 속에 있는 집단은 결코 독재를 꿈꾸지 않기 때문입니다. 사람들의 관계란 유기적이고 생명력이 있는 것이기에 그렇습니다. 유기적 관계는 그 사회의 건강함을 측정하는 기준입니다.

건강한 관계의 매력은요. 자율적인 조정을 기대할 수 있다는 데에 있습니다. 자정 능력이 있습니다. 우리의 일상적인 삶 속에서도 쉽게 확인해 볼 수 있는 일이지만, 끊어질 것 같으면서도 이어지고, 당연히 연결되어 있을 것 같으면서도 건강하지 않으면 여지없이 끊어지는 게 관계입니다. 수도 없이 죽고 싶다고 말은 해도 관계 속에 있는 생명은 그렇게 쉽게 끊어지지 않습니다.

문제는 끊어지지도 않고 끊을 수도 없으면서도 아무 발전이 없고 정상적이지 않으면서 관계가 무의미하게 지속하는 겁니다. 일방적인 관계, 의존적인 관계, 스폰 관계, 그루밍 관계, 가스라이팅을 통해 세뇌된 관계, 중독된 관계 등 오늘 우리 사회에서 어렵지 않게 볼 수 있는 현상입니다. 관계가 혼돈의 도가니 속에 있다는 느낌을 받습니다.

오래전부터 정치권의 무절제한 갈등과 다툼 그리고 높은 이혼율과 자살률은 세계에서 선두의 자리를 차지하고 있습니다. 노사 갈등 역시 국가 경제에 큰 타격을 주고 있어서 그나마 힘든 경제를 더욱 어렵게 만들고 있습니다. 개인적인 차원에서도 마찬가지입니다. 수많은 사람이 개인 관계나 직장에서 관계 손상으로 인해 받는 정신적 스트레스가 날로 늘어나고 있습니다.

이런 점에서 생각해 볼 때 '사귐'을 주제로 말씀을 생각해보는 것은 그 자체로 시대적 상황에 잘 맞는 일이라 생각합니다. 과학기술 기반의 문명적 차원에서 볼 때 교회가 시대를 앞서간다는 것은 불가능하지 않을까 싶습니다. 그러나 적어도 '관계 회복'에 있어서만은 다른 어떤 사회 집단보다 앞장서야 합니다. 끊어야 할 관계가 있지만, 만일 그렇지 않다면 관계는 반드시 회복해야 하고 그래야 사람들이 기쁨 속에서 살아갈 수 있기 때문입니다. 이것은 복음이 요구하는 일이고 하나님이 원하시는 일입니다.

관계의 소중함은 여러 종교에서도 강조되고 있고 바른 관계의 정립과 회복을 위해서 나름대로 종교적 가르침에 합당한 노력을 기울이고 있습니다. 베트남 승려로서 서구 사회에서 많은 영향력을 행사한고(故) 틱낫한의 저서들은 수많은 관계 속에서 어떻게 평화로운 마음을 유지할 수 있을 것인가에 대해 많은 부분을 할애하고 있습니다. 사실 불교에서 관계는 불교 교리의 핵심 가운데 하나입니다. 유교도 마찬가지입니다. 삼강오륜이라는 유교의 기본 원리가 관계를 규정하는 것이고, 유교 사회는 음양오행의 원리에 따라 관계를 바로 세우고 유지하는 세계관에 기반한 사회라고 해도 과언이 아닙니다.

기독교에서도 관계는 신앙의 기본을 형성합니다. 하나님과의 관계는 구약시대에는 계약을 통해서 그리고 신약시대에서는 예수 그리스도의 구속 사역을 통해서 새 언약이라는 이름으로 확립되었고, 사람과의 관계 역시 처음에는 하나님이 창조를 통해 직접 세워주셨지만, 후에는 성령을 통해서 새롭게 세워지기도 하고 정상적으로 유지됩니다. '하나님의 선택'이나 '예정' '화목'이라는 개념도 따지고 보면 관계의 깊이를 말해주는 것입니다. 자연과의 관계가 소중하다는 것이 인식되면서부터 기독교 안에서도 환경보호 운동과 생태계 보호 운동이 활발하게 전개되고 있습니다. 최근에는 기후 위기 앞에서 종교의 책임을 인지하고 적극적인 계몽 활동에 나서고 있습니다.

어느 종교에서든 관계의 궁극적인 목표는 평화에 있다고 봅니다

평화란 관계 안에 있는 모든 구성원이 만족과 안식을 얻는 상태를 말합니다. 어느 한 집단에 의해 독점되는 건 평화가 아닙니다. 하나님의 약속이 성취한 때 누리는 상태입니다. 하나님 나라는 평화의 나라라 했습니다. 관계가 바로 세워질 때 우리는 평화를 통해 하나님 나라를 경험합니다. 하나님과 사람, 사람과 사람, 자연과 자연 사이의 평화가 이루어질 때 우리는 그것을 구원이라 말합니다. 구원이 사람 스스로 얻을 수 없고 오직 하나님만이 하실 수 있다는 말은 관계를 위한 인간의 노력이 아무리 치밀하고 대단하다 해도 결단코 그 온전함에 이를 수 없다는 의미입니다. 그렇다고 인간의 노력이 필요 없다는 건 아닙니다. 인간이란 관계 형성에 있어서 늘 이기적입니다. 그래서 회복하려다가 이기적인 본심이 드러나게 되어 일을 그르치는 경우가 허다합니다. 관계 회복의 노력에 있어서 인간의 노력은 한계가 있습니다. 관계 회복을 위한 사귐을 새롭게 생각하려 할 때 우리가 가장 먼저 염두에 두어야 할 점은 바로 이 점입니다.

'사귐'의 한국어 사전적 의미는 '서로 가까이하여 얼굴을 익히고 서로 사이좋게 지냄'입니다. 서로를 알되 그 관계에 있어서 별문제가 없이 지내는 모습을 두고 하는 말입니다. 그런데 요한1서에 사용된 '사귐'의 원어는 코이노니아(koinonia)입니다. 이것은 단순히 '사이좋게 지낸다'라는 의미를 넘어서, 나의 것을 나눈다는 의미의 '나눔'(히 13:16; 고후 9:13), 서로 하나가 된다는 '교통'(혹은 공동체 고전 1:9; 고후 13:13), '참여'(빌 3:10; 고전 10:16; 고후 8:4) 곧 '무엇을 공유하다'의 뜻으로 번역되는 말입니다. 친밀한 관계뿐만 아니라 이를 통해 이르게 되는 결과까지도 내포합니다. 이 가운데 가장 기본적인 의미는 나의 것을 나누어 다른 사람과 공유한다는 겁니다.

사귐의 원형

요한 서신은 사귐의 본질을 아버지와 아들 예수 그리스도의 사귐에서 발견하고 있습니다. 아버지와 아들의 사귐에 대해서 간단하게 말한다면, 아버지는 아들과 본질에 있어서 서로 같으며 하나입니다. 그러나 아버지는 아들 안에서 발견되고, 아들은 아버지 안에서 발견됩니다. 아버지는 당신의 모든 것을 아들에게 주시고, 아들은 자신의 모든 것을 아버지께 드립니다. 아버지가 아들을 영화롭게 하고 아들은 아버지를 영화롭게 합니다. 어느 한쪽의 자기 버림이라는 과정이 없이는 가능하지 않은 관계입니다. 아버지는 말씀하시고 아들은 그 말씀에 순종합니다. 아버지의 뜻에 아들이 순종하여 그 뜻이 이루어지고, 아들의 기도를 아버지가 들어 응답하시고, 아들을 통해 아버지가 당신의 뜻을 나타내는 그런 관계입니다. 요한 일서 4:16은 하나님은 사랑이라고 단언합니다. 이 말씀에 기초해서 생각해본다면, 하나님과 아들의 관계는 사랑에 기초를 두고 있습니다. 사랑 안에서 아버지와 아들은 서로를 내어주고 서로를 받아들여 결국 하나로 존재합니다. 이 모든 일은 성령을 통해서 이루어집니다.

하나님과 아들 예수 그리스도 사이에 이루어진 이 친밀한 사귐은 모든 사귐의 원형입니다. 이 사귐 안으로 받아들여지는 건 하나님 나라 안으로, 하나님의 영광 안으로 들어가는 겁니다. 사귐이 하나님 나라를 경험하는 길인 이유는 바로 여기에 있습니다.

문제는 하나님과 우리의 사귐이 도대체 어떻게 가능한가 하는 겁니다. 죄인으로서는 감히 상상할 수 없는 일입니다. 아무리 가까운 연인이나 부부 혹은 부모 자식 사이라고 해도 하나님과 아들 예수 그리스도 사이의 관계에는 이르지 못합니다. 부모는 자식을 위해 헌신한다고 흔히 말합니다. 그러나 세태를 보면 이런 말은 이제 옛말인 것 같습니다. 헌신하는 분들이 있어서 많은 부모 관계의 모범이 됩니다만 사실 그렇게 보편적인 현상은 아닙니다.

그러나 요한은 지금 우리가 하나님과 아들 예수 그리스도 사이에서 이루어진 그런 사귐에 참여할 수 있음을 명시해주고 있습니다. 예수 그리스도를 믿음으로 가능한 일인 거죠. 원형으로 혹은 이미지로만 존재하는 것이 아니라 우리에게도 가능하다고 말하고 있는 겁니다. 곧 예수 그리스도 안에서 성령을 통해서 아버지와 아들의 사귐에 참여할 수 있습니다. 3절에서 “우리의 사귐은 아버지와 그 아들 예수 그리스도와 함께함이라” 이렇게 말하고 있기 때문입니다. 도대체 보이지 않는 하나님과의 사귐은 어떻게 가능합니까? 우리가 사귐을 단순히 사이좋게 지내는 것으로만 이해한다면 도저히 이해할 수 없는 일입니다.

그러나 우리의 사귐은 예수 그리스도가 흘리신 보혈의 피를 통해서 이미 이루어졌습니다. 하나님은 우리를 위해 아들을 내어주셨고, 그 빈 가슴에 우리 죄인들을 받아들이셨습니다. 아들을 통해 우리의 죄를 용서하셨기에 가능해진 일입니다. 우리가 받을 죄책을 대신 떠안으신 겁니다. 이 일로 인해 예수 그리스도를 믿는 모든 사람은 성령을 통해서 하나님과 예수 그리스도의 사귐에 동참하게 되었습니다. 하나님과 우리의 사귐을 위해서 우리가 해야 할 일은 사실 없습니다. 왜냐면 우리는 이미 예수 그리스도에 대한 믿음을 통해서 하나님과 사귐을 갖고 있기 때문입니다.

하나님과 우리와의 사귐이 실제로 어떻게 이루어지고 있는지 이에 관해 잘 말해주는 예화를 하나 소개합니다.

교제를 원하시는 하나님

영국 런던에는 웨스트민스터 채플이라는 교회가 있습니다. 이 교회에 캠벨 몰겐 목사님이 계셨습니다. 이분의 삶에서 커다란 즐거움 가운데 하나는 매일 오후 저녁 무렵 사랑하는 딸의 손을 잡고 런던의 하이드 파크 공원을 산책하는 것입니다. 그런데 어느 해 크리스마스 얼마 전 갑자기 딸이 아버지하고 공원 산책을 며칠간 못하겠다는 얘길 합니다. 그러면서 이유는 묻지 말아 달라고 합니다. 이 아버지가 얼마나 서운했겠습니까?

몰겐 박사는 그 이유를 크리스마스 날 아침에야 알게 됩니다. 사랑하는 딸이 아버지에게 드릴 성탄 선물로 아버지가 신으실 슬리퍼를 만드느라고 시간이 필요했던 거죠. 성탄절 날 아침 이 선물을 받으면서 몰겐 박사는 사랑하는 딸에게 이렇게 말했다고 합니다.

"사랑하는 딸아, 너무나 고맙다. 이걸 만드느라고 얼마나 수고가 많았니? 그런데 정직하게 말하자면 이 아빠는 슬리퍼 선물보다도 네가 나와 더불어 같이 손잡고 산책하는 것이 훨씬 더 좋단다." (인터넷에서 퍼옴)

하나님은 우리와 사귀실 때 이미 당신을 내어주심으로써 우리와 함께 있고 싶어 하지만, 우리는 무엇인가를 자꾸 해야만 할 것으로 생각합니다. 그래서 하나님이 우리와 함께 할 시간과 공간을 놓칩니다. 그것은 우리의 착각에서 비롯한 잘못된 생각과 행동입니다. 주어진 하나님 나라에서 은혜를 누리며 살기보다 하나님 나라를 건설하고 통제하려고 합니다. 하나님과의 사귐을 위해 우리가 할 우선적인 일은 예수 그리스도를 믿고 그를 주님으로 영접하는 겁니다. 하나님이 내어주신 것을 우리가 감사함으로 받아들이기만 하면 됩니다.

영접하는 자 곧 그 이름을 믿는 자들에게는 하나님의 자녀가 되는 권세를 주셨으니(요 1:12)..

이것을 믿어야 합니다. 사귐을 통해 경험되는 하나님 나라를 기쁨으로 받으면 됩니다. 이것의 실현된 형태를 지상에서 찾는다면, 그건 영과 진리로 예배할 때입니다. 하나님과의 기본적인 사귐은 한편으로는 기도하고 말씀을 읽거나 듣거나 찬양을 통해 이루어지고요. 다른 한편으로는 이웃을 섬기고 사랑하는 삶을 통해서 이루어지지만, 실제로 보면 우리는 사귐을 너무 복잡하게 만드는 경향이 있습니다.

믿음 이외에 우리의 과제가 있다면 이 사귐이 우리들의 사귐 속에서 나타나도록 해야 한다는 것일 뿐입니다. 사귐을 통해 하나님 나라를 경험한 사람이 그 맛에 관해 전하지 않는다는 건 이상합니다. 요한은 우리와의 사귐이 가능하기 위해 생명의 말씀을 증거 한다고 말했습니다. 요한이 예수 그리스도를 통해 하나님으로부터 받은 생명을 우리와 나누겠다는 말입니다.

사실 당시 사귐을 통해 생명을 나누는 일은 간단한 일이 아니었습니다. 성도의 교제 외에 당시에는 순교를 각오해야 했기 때문입니다. 나눔에 수반되는 아픔과 고통이 있지만, 하나님과의 사귐이 우리 사이에도 일어나기 위해 죽음을 각오하고 복음을 전하겠다는 각오입니다. 그리스도 안에서 이루어지는 하나님과 우리의 사귐을 전제로 우리와의 사귐이 가능해지기 위해 요한이 제시하는 몇 가지 조건들을 생각해보겠습니다.

사귐의 비결 (1)

첫째는 생명이 있어야 합니다. 생명이 없는 것과 사귄다고 한다면 그 사람은 정신 착란을 겪는 사람이든가, 변태 성욕자이든가, 아니면 우상을 섬기는 것입니다. 사귐의 기본은 당사자가 살아있어야 한다는 것입니다.

기독교 신앙고백에 따르면 사귐(교제) 곧 공동체의 기본인 생명의 원천은 바로 예수 그리스도입니다. 요한 일서 본문에 따르면, 그는 영원한 생명으로서 태초부터 계셨고 이 생명이 우리가 감각적으로 확인할 수 있는 모습으로 나타났습니다. 계시하였다는 말이죠. 이 생명은 믿음을 통해 내 안에서 살아있습니다. 성도의 사귐은 성령을 통해 이 생명을 나누는 일을 하는 것입니다.

믿지 않는 자와 사귄다고 할 때 그것은 공동체 혹은 연합을 말하는 것이 아닙니다. 말 그대로 사이좋게 지낸다는 것이지요. 성경 말씀에 따라 한 가지 욕심을 부린다면, 증거 하는 자로서 사귀는 것입니다. 생명을 나누면서 증거 하는 것입니다. 이것이 바로 땅끝까지 복음을 증거 하라는 주님의 말씀에 순종하는 일입니다.

다시 말해서 사귐의 목표는 우리 안의 생명이 믿지 않는 자들에게 옮겨가도록 하는 데에 있습니다. 그들이 먼저 하나님과의 사귐이 회복된 후에야 우리와의 사귐이 온전해질 수 있기 때문입니다. 인간적으로 그들과 관계를 맺을 수 있고, 때로는 그들로부터 배울 수도 있고 그들과 더불어 일정한 과제(환경 위기에 대한 공동 대응 과제)를 공동으로 이행할 수도 있습니다.

그러나 그들은 살아있는 것 같으나 그 안에 생명, 곧 예수 그리스도의 생명이 없는 자들입니다. 그들 안에 생명이 잉태할 수 있도록 수고하는 과제가 우리에게 주어져 있습니다. 만일 사귐 가운데 예수 그리스도의 생명이 전달될 수 없는 것이라면 그 사귐은 재고되어야 합니다. 먼저는 내가 예수 그리스도의 생명의 가치를 진정으로 인정하고 있는지를 살펴보아야 합니다.

요한은 참으로 우리와의 사귐의 출발점은 하나님과의 사귐이요 곧 복음에 대한 믿음이요 그리스도에 대한 믿음임을 잘 알고 있었기에 복음을 전하는 수고를 아끼지 않은 것입니다. 그 무엇으로도 대체할 수 없는 우선순위의 가치는 바로 복음에 대한 열정입니다. 왜냐면 어떠한 사귐도 예수 그리스도 안에 있지 않으면 하나님과의 사귐을 반영할 수 없기 때문입니다.

둘째, 빛 가운데 행해야 합니다. 하나님은 빛이십니다(요일 1:5). 따라서 사실 어떠한 사귐도 성부와 성자와 성령 하나님의 사귐에서 벗어날 수 없습니다. 우리의 모든 사귐은 하나님의 사귐 속에 들어 있다는 말입니다. 우리가 노력한다고 해서 우리가 하나님의 사귐에 동참하는 건 아닙니다. 엄밀하게 말한다면, 하나님이 우리의 사귐을 자신의 사귐 안으로 받아들여 주시는 것입니다. 당신의 것을 우리에게 다 주시고 난 후, 그 빈 가슴속으로 우리를 안아 주신 겁니다. 예배로의 부름을 통해 일어나는 이 일이 얼마나 큰 은혜인지 모릅니다.

이러한 은혜에도 불구하고 성경은 우리가 여전히 어둠 가운데 행한다고 말하고 있습니다. 여기서 말하는 어두움은 이단들의 가르침을 말합니다. 당시에 소위 영지주의(Gnosticism)로 불리는 이단이 있었는데요. 이들은 영과 육의 이원론적인 세계관에 근거해서 거룩한 지식을 통해 구원에 이를 수 있다고 주장했습니다. 육체를 부정하게 생각했기에 이들은 예수께서 육체를 입고 이 땅에 오신 것을 인정할 수 없었습니다. 그들이 말하는 구원이란 오직 영만의 구원이었습니다. 이것은 하나님의 모든 것을 내어주시고 나누어 주시는 하나님의 사랑을 충분히 설명하지 못하고 오히려 왜곡했습니다. 물론 육체성을 부정하였기에 이 땅에 오시어 참으로 하나님이시고 참으로 사람이신 예수 그리스도에 관한 가르침도 받아들이지 않았습니다. 이처럼 복음의 증거를 부인하고 거짓 교훈을 따르는 자들을 가리켜서 요한은 어둠 속에서 행하는 자라고 말한 것입니다.

오늘날 우리는 새로운 형태의 영지주의를 곳곳에서 만날 수 있습니다. 바로 지식과 의미를 최고로 여기는 사람들입니다. 삶의 변화는 없고 지식으로 혹은 의미로 가득 무장해 있습니다. 깨달음을 중요시하나 행함은 전혀 없습니다. 믿는다고는 하나 행함이 없습니다. 화려한 말 잔치는 풍성하지만, 실행에 옮기지 않는 그야말로 말 잔치일 뿐입니다. 신앙의 연륜은 자랑하나 자기 말과 행위를 돌아보지 않습니다. 어떠한 변화도 기대할 수 없을 정도입니다. 배우려고 하지는 않고 가르치는 자리만을 선호합니다. 지식을 교회 생활의 전부라고 생각하는 자들이 바로 새로운 버전의 영지주의자입니다. 이들은 빛이 아니라 어두움 가운데 행하는 것입니다.

간단히 말해서 사귐이 어둠 가운데 있다는 건요. 진리 속에서 행하지 않고 잘못된 가르침에 있고 말씀을 읽거나 들어도 변화는커녕 자신을 고집스럽게 주장하는 그런 사귐을 가리킵니다. 바른 지식을 추구해야 하지만 행함에 있어서 절대 게으르지 않아야 합니다. 하나님과의 사귐이 나타나기 위해서 우리는 바른 가르침과 올바른 실천 속에 있어야 합니다. 바른 지식과 실천을 위해 우리가 부지런히 성경을 공부하는 것은 당연한 일입니다.

셋째, 죄인임을 인정하는 것입니다. 죄는 하나님이 우리와 사귀기를 원하셔서 하시는 행위들이 결실하지 않도록 방해하는 것을 말합니다. 예컨대 하나님은 우리를 통해서 당신의 구원을 나타내시기를 원하고 우리를 받아 들여주시면서 당신의 사랑이 어떠한지 나타내시기를 원합니다. 그런데 인간은 그것을 인정하지 않습니다. 받아들이지도 않습니다. 그러니 행하지 않는 건 물론이고 하나님이 원치 않으시는 걸 행합니다.

우리가 죄인임을 인정하는 것이 왜 중요한가 하면요. 예수 그리스도의 십자가의 죽음을 통한 구속의 사역이 진리임을 인정하는 일이기 때문입니다. 만일 우리가 죄가 없다고 말하면요. 가장 큰 문제가 되는 것이 예수 그리스도의 십자가 사역입니다. 십자가로 이루신 일을 거짓으로 만드는 일이기 때문입니다. 하나님의 행위를 전면적으로 부정하는 것이고 하나님을 거짓말하는 자로 만드는 것입니다. 그것을 부정하는 것은 곧 하나님의 용서를 스스로 부정하는 겁니다. 멸망의 길을 자초하는 것이지요. 그러나 우리가 죄를 자백하면 하나님은 신실하시고 의로우시기에 우리 죄를 용서해주실 것이고 모든 불의에서 우리를 깨끗하게 하여 주실 것입니다(요일 1:9).

하나님과 우리의 사귐은 하나님이 먼저 아들 예수 그리스도를 내어주심으로써 시작되었고, 우리는 믿음을 통해서 그 사귐 안에 들어갈 수 있게 되었습니다. 이것이 하나님 나라를 경험하는 길입니다. 이것을 먼저 확실하게 믿어야 사귐의 기쁨과 평화와 만족을 누릴 수 있습니다. 이제 이 사귐은 우리를 통해서 나타날 날만을 기다리고 있습니다. 믿음과 진리와 경건한 생활 속에 있게 될 때, 우리가 예수 그리스도 안에 있을 때 하나님과 우리의 사귐은 성령을 통해 우리와의 사귐 속에 그 모습이 나타납니다. 하나님은 이를 위해 나와 여러분 그리고 여러분과 여러분의 사귐을 허락해주셨습니다. 우리가 하나님 나라를 경험하며 살기 원하시기 때문입니다. 때로는 슬픔도 있고, 때로는 근심과 염려가 있습니다. 그렇지만 우리의 만남은 그런 이유만으로는 결단코 포기할 수 없는 축복이고 기쁜 것입니다. 소망이 있습니다.

사귐은 서로에 대해 주장하기보다는 섬기는 자세로 대하며 하나님과 우리의 관계에서 열매가 나타나기를 기대하며 사는 겁니다. 하나님은 사귐을 위해서 아들을 내어주셨고, 더군다나 이 모든 일에 있어서 아무런 대가도 요구하지 않으시고 거저 주셨습니다. 우리도 거저 주는 사귐이 되어야 할 것입니다. 십자가의 희생을 통해서 맺어진 사귐이니만큼 우리와의 사귐이 얼마나 소중한지를 결코 잊어서는 안 될 것입니다.

사귐의 비결(2)

나보다 남을 낫게 여기라

앞서 우리는 사귐의 의미를 요한 서신이 말하는 범위 내에서 살펴보았습니다. 하나님 나라를 경험하는 조건인 사귐의 기본의미는 '나의 것을 나누는 것'에 있음을 확인했고 사귐이 가능하기 위한 조건으로 요한이 제시한 세 가지를 살펴보았습니다.

생명이 있어야 하고, 빛 가운데 있어야 하고, 죄인임을 인정하는 것

이 세 가지를 갖추었을 때 비로소 우리의 사귐은 주안에서의 사귐이 됩니다. 성령을 통해 하나님과의 사귐에 참여하게 되고 그 사귐을 세상 가운데에 드러낼 수 있게 됩니다. 그렇지 못한 사귐은 아무리 훌륭하게 보인다 해도 하나님과의 사귐에 참여하거나 그 사귐을 세상에 드러내지 못하게 됩니다. 하나님의 뜻이 아닙니다.

빌립보 교회에 보낸 편지에서 우리는 바울 사도가 생각하는 사귐의 모습을 엿볼 수 있습니다. 빌립보서는 바울이 옥중에 있을 때 쓴 것입니다. 복음을 전하다 옥에 갇히게 되었습니다. 옥중에서 이 편지를 쓰게 된 계기는 빌립보 지역의 교회가 에바브로디도를 통해서 바울에게 건네준 헌금입니다(빌 4:18).

빌립보 교회는 52년경에 세워졌습니다. 바울은 2차 전도 여행 중에 드로아에서 마케도니아 사람의 환상을 보고, 유럽에 복음을 전하는 것이 하나님의 뜻임을 확신해서 빌립보로 건너갔습니다(행 16:9). 이곳에서 루디아와 한 간수의 집안이 바울의 복음을 듣고 회개하였는데, 이들의 가정은 유럽 교회의 모태가 되었습니다. 대부분이 이방인 그리스도인들로 구성된 이 교회는 작았고 가난했습니다. 어려운 형편에서도 자신의 일부를 내놓고 헌금을 해준 것에 대해 감사하면서 쓴 편지가 빌립보서입니다.

빌립보 교회의 성도들과 바울 사이에 사귐의 기본이 갖추어져 있음을 알 수 있습니다. 곧 내 것을 나누어주는 일을 서로가 행했습니다. 바울은 생명의 위협을 무릅쓰고 생명 곧 예수 그리스도의 복음을 나누었고, 빌립보 교회의 교인들은 어려운 형편에도 불구하고 바울을 위해 특별헌금을 했습니다. 이런 사귐을 계기로 바울은 빌립보 교회의 교인들이 더욱 복음과 주의 백성에게 합당한 삶을 살 것을 권고하고 있습니다. 그러니까요. 빌립보서는 기본적으로 복음에 합당한 사귐이 어떠해야 하는 것인가를 말하는 서신입니다.

바울의 권고에 따르면, 그리스도인들은 어떤 일을 하든지, 그것이 권면하는 일이든, 사랑에 관한 것이든, 혹은 위로나 교제나 긍휼이나 자비를 베푸는 일이든 옥에 갇힌 자신이 기뻐할 수 있는 일을 하라는 것입니다. 복음을 전하다 옥에 갇혀 고생하는 자신을 기쁘게 하는 건 바로 빌립보 교인들이 그리스도 복음에 합당하게 생활하는 것이었습니다(빌 1:27). 올바른 지도자는 양육 받는 자들이 자신을 위해 무엇을 해줄 것인가에 관해 관심을 두지 않습니다. 가르침이 온전히 이루어지고 있느냐에 더 많은 관심을 기울입니다. 소위 삯꾼 목자들은 양들에게서 얻을 것에 관해서만 생각하고 양들의 관심을 자신에게만 집중시킵니다. 그러나 선한 목자는 양들이 좋은 꼴을 먹을 수 있는 일에 더 큰 관심이 있습니다. 바울의 기쁨이 성도가 자신에게 많은 대접을 한 것에 있지 않았고, 오직 하나님의 말씀 안에서 성도들이 자라나 서로 깊은 사귐을 갖게 되는 것에 있었습니다. 참 위대한 지도자가 아닐 수 없습니다.

복음을 한 번이라도 전했던 사람들이 공통으로 경험하는 일이지만, 복음을 전하는 자들에게 가장 큰 즐거움이 있다면요. 그건 듣는 사람이 복음을 받아들이는 것입니다. 이보다 더욱 큰 기쁨은 복음을 받아들인 성도들이 변화를 받아 복음에 합당한 삶을 사는 것입니다. 하나님 나라의 삶을 사는 것을 보는 것, 이때처럼 기쁘고 보람된 순간은 없습니다. 왜냐면 인생의 궁극적 목적인 하나님께 영광을 돌리는 일이기 때문입니다.

그러나 그 반대가 되면 마음이 얼마나 아픈지 모릅니다. 복음을 전할 때 복음을 배척하는 사람들을 보면 미움보다 오히려 눈물이 날 때가 있습니다. 또한 복음을 받아 신앙인이 되었지만, 삶에 아무런 변화가 없는 분들을 보면 참으로 안타깝습니다. 왜냐하면 그들이 지도자의 말을 듣지 않기 때문이 아니라 하나님이 주시는 참된 기쁨에 그들이 동참하지 못하는 것을 보기 때문입니다. 무엇보다 하나님의 영광이 땅으로 추락하기 때문입니다.

주안에서의 변화는 세상의 관점에서 보면 손해 같지만 결국에는 큰 기쁨이 됩니다. 주안에서의 변화는 바로 하나님 나라의 백성으로 살아가는 모습을 보여주는 것이기 때문입니다. 성도의 변화는 먼저는 성도 자신의 기쁨이요, 또한 목회자의 큰 기쁨입니다. 물론 가장 크게 기뻐하는 분은 하나님이십니다.

바울의 기쁨이요 하나님의 기쁨을 위한 사귐의 삶에 관해 좀 더 구체적으로 바울은 이렇게 말합니다.

마음을 같이 하여 같은 사랑을 가지고 뜻을 합하며 한 마음을 품어 아무 일에든지 다툼이나 허영으로 하지 말고 오직 겸손한 마음으로 각각 자기보다 남을 낫게 여기고 각각 자기 일을 돌아볼뿐더러 또한 각각 다른 사람들의 일을 돌아보아(빌 2:2).

이것은 빌립보 교인들 간의 관계에 관한 것입니다. 서로가 서로에 대해 갖는 관계에 있어서 어떻게 해야 복음에 합당한 것인지를 말한 것입니다.

이 말씀에서 요지는 '아무 일에든지 다툼이나 허영으로 하지 말고' 오히려 '마음을 같이하고 뜻을 모아 오직 겸손한 마음으로 각각 자기보다 남을 낫게 여기라'는 권고입니다. 이것은 사귐의 부정적인 측면(자기주장을 하거나 남에게 보이기 위해서 하는 것)을 피하면서 긍정적인 측면을 적극적으로 개발하라는 권고입니다. 이걸 몇 가지로 구분하여 살펴보겠습니다.

아무 일에든지 다툼이나 허영으로 하지 말라

이기적인 목적과 배타적인 방법이 아니라, 이타적이고 포용적인 방법으로 하라는 의미입니다. 성도들 간 사귐의 기본은 서로 나누는 것에 있지만, 이보다 한 걸음 더 나아간다면 성도들 가운데 하나님의 일이 나타나도록 하는 것입니다. 하나님의 나라가 이 땅에서 발견되고 경험되기 위해 우리가 서로 협력하는 건 필수적입니다. 누구도 배제하지 않고 모두 동참할 수 있을 때 가능합니다. 예배하면서 우리가 함께 앉아 있는 건 바로 이 일을 위해 우리가 부름을 받았음을 시사합니다. 이 사실을 믿고 잊지 말아야 합니다.

그런데 문제는 하나님 나라는 획일적으로 나타나지 않고 다양하게 나타나는 것입니다.

하나님 나라를 쉽게 발견할 수 없는 이유는 바로 여기에 있습니다. 우리 가운데 임하면서도 다양하게 나타나기에 '이것이 하나님의 나라다!'라고 콕 집어서 말할 수 없습니다.

이 일은 종말에 가서야 가능합니다. 요한계시록 1:7을 보면 "볼지어다 구름을 타고 오시리라 각인의 눈이 그를 보겠고 그를 찌른

자들도 볼 터이요 땅에 있는 모든 족속이 그를 인하여 애곡하리니 그러하리라 아멘"이라고 했습니다. 모든 사람이 보게 될 것입니다. 그때까지는 늘 부분적이고, 온전하게 인식되지 않습니다. 그러니 자기 멋대로 살면서 자기중심적으로 살아야 할 이유가 인간에게는 전혀 없습니다.

우리의 현실은 어떻습니까. 능력 있는 사람을 중심으로 독재 구조를 형성해 다양성을 파괴하는 일이 많고, 협력하는 일에 있어서 의견의 차이를 감당하지 못해 다툼으로 이어지는 일이 비일비재합니다. 능력을 맘껏 발휘하는 건 좋습니다. 그러나 자기 이름을 나타내려고 온갖 노력을 기울여 결국 함께 일하는 사람들의 마음을 아프게 하는 건 옳지 않습니다. 하나님의 일을 하고 하나님께 영광을 돌린다고 하면서도 결국 자기 영광을 거두는 일이 생깁니다. 이런 일은 매우 은밀하게 이루어지기에 주의하지 않으면 잘 인지되지도 않습니다. 이런 일이 교회 안에 많은 건 부정할 수 없는 사실이고 현실입니다.

근본적으로 그 원인을 보면 사귐의 기본에 충실하지 않기 때문입니다. 기본에 충실한 사람은 이렇지 않습니다. 자신과 자신의 것을 내어 줄 정도의 사람이 무엇 때문에 자기 이름을 드러내려고 하겠습니까. 간혹 뇌물의 형태로 자신의 것을 나누는 사람들이 있습니다. 아무리 많은 것들을 나눈다 해도 뇌물은 사귐의 기본정신에서 벗어난 일탈행위입니다. 타인을 고려하지 않고 자기 목적만을 추구하는 건 사귐의 기본을 왜곡하는 것입니다. 빛 가운데 행하지 않은 사귐입니다. 나눔은 사귐의 기본인데요. 이건 빛 가운데 행할 때 의미가 있습니다. 또한 중심이 내게 있지 않고 상대방에게 있습니다. 따라서 이기적이거나 부끄러운 것이 아니고 이타적이고 떳떳합니다. 그러므로 우리가 하나님의 사귐에 동참하면서 또 그 사귐을 우리의 사귐이 되게 하기 위해서는 기본에 충실해야 합니다. 이렇게 해야 주의 일을 하면서 다투거나 헛된 영광을 좇는 일을 피할 수 있습니다.

겸손한 마음으로 자기보다 남을 낫게 여기고

긍정적인 측면에서 본 사귐의 비결은 겸손한 마음으로 자기보다 남을 낫게 여기라는 것입니다. 쉬운 일이 아닙니다. 불가능한 일이라는 생각도 사실 없지 않습니다. 예컨대 나보다 현저하게 좋은 조건과 능력을 갖춘 사람들을 나보다 낫게 여기는 것은 어렵지 않습니다. 사실 요즘같이 남을 헐뜯고 비난하는 것이 일반화가 되어있는 사회에서는 나보다 훨씬 뛰어난 사람들마저도 도마 위에 올려지는 경우가 많습니다. 그래도 그것은 열등감의 표현이고 일종의 자기 생존을 위한 방어기제의 하나로 볼 수 있습니다. 서민들의 애환을 보는 것 같아서 때로는 웃음도 나옵니다. 문제는 나와 대등하다고 생각되거나, 아니면 나보다 못한데도 더 나은 대접을 받을 때, 혹은 나와 경쟁 관계에 있는 사람들과의 관계에 있을 때입니다. 이런 관계 속에서 어떻게 자기보다 남을 더 낫게 여길 수 있겠습니까? 그렇게 하면 기회가 다른 사람에게 가는 경우엔 더더욱 불가능해 보입니다. 이럴 때도 자기보다 남을 낫게 여길 수 있는 건 오직 그리스도와의 관계에서 얻는 새로운 정체성을 갖고 더 나은 것을 소망할 수 있을 때만이 가능합니다.

한편, 현대인들은 소문과 여론에 민감합니다. 사실 확인도 하지 않고 소문이 나면 그것을 쉽게 믿어버립니다. 다른 사람이 나보다 낫다는 말을 들으면 그것을 사실로 여길 수 있습니다. 이렇게 되면 나와 그 사람에 대한 태도가 달라질 수 있습니다. 자기보다 남을 낫게 여기면서 마음 가운데 솟아나는 염려는 바로 이것입니다. 남들이 높여주면 겸손해져야 하는데 그것을 사실로 인정하고 뽐내는 사람들이 있어서요. 사람들이 오히려 높임을 받은 그 사람을 더 좋아하게 될 수도 있습니다. 심한 경우 일은 내가 했는데 공로는 다른 사람들이 차지할 수도 있습니다. 전혀 예상치 않은 일이라 이렇게 되면 참 억울하죠. 억울해서 맘의 평안을 얻지 못합니다. 자기보다 남이 더 낫다고 말은 했지만, 돌아서서는 그 교만에 대해 욕을 하게 됩니다. 이렇게 되면 자기보다 남이 낫다고 말한 건 결국 겉치레에 불과했음이 밝혀집니다.

그러나 여러분, 아무리 힘들어도 성경은 진리입니다. 하나님이 책임져주십니다. 낮아진 것 같이 보이지만, 하나님 앞에서는 높아진 것입니다. 사람들이 높임을 받은 그 사람을 더 좋아한다고 해도 우리가 기다려야 할 건 하나님이 우리를 높여주시는 겁니다. 따라서 이 일은 우리가 반드시 지켜야 하고 그것이 우리 가운데 일어나게 해야 합니다. 자기보다 남을 낫게 여긴다는 건 실제로 그렇게 여겨져도 불만을 품지 않는다는 겁니다. 빈말로 하는 건 성경의 뜻이 아닙니다.

그렇다면 나보다 남을 더 낫게 여길 수 있는 방법을 찾는 것이 우리의 과제가 될 것입니다. 바울은 5절에서 예수 그리스도의 마음을 품으라고 했습니다. 예수 그리스도의 마음을 품을 때 이 일이 가능하다는 겁니다.

이런 권고가 우리의 삶 속에서 구체적으로 나타나기 위해 우리가 먼저 생각해야 할 것이 있습니다. 하나님이 내 안에 계신 것을 인정하듯이, 다른 자들에게도 임하여 계신다는 사실을 인정하는 것입니다. 하나님은 내 안에만 계시지 않고 우리 모두 안에 계십니다. 나만 하나님의 형상으로 만들어진 것이 아니라 모두가 하나님의 형상으로 만들어졌고, 나만 복을 받은 것이 아니라 모두가 복을 받았고, 피조물을 관리하고 돌보는 일이 내게만 위임된 것이 아니라 모두에게 위임되었음을 인정하는 것, 이것이 첫 번째 단계입니다.

두 번째 단계는 하나님의 나타나심은 다양하다는 것을 인정하는 겁니다. 그리스도의 몸으로서 교회는 하나이면서 다양성을 특징으로 합니다. 다양하기에 다른 사람들에게 나타나는 것들을 우리의 기준으로 판단할 수 없습니다. 다른 것 혹은 차이를 인정해야 합니다. 차이를 인정하고 존중할 때 하나님을 기대하면서 자기보다 남을 낫게 여기며 서로 사귈 수 있습니다.

세 번째 단계는 다른 사람에게 나타나는 모든 것에 대한 가치를 고유한 것으로 인정하고 존중하는 것입니다. 우리의 기준으로 볼 때 하찮은 것으로 보이지만, 그에게는 진지한 것이고, 하나님은 그것을 통해서 당신의 역사를 이루어 나가시기 때문입니다.

네 번째 단계는 다른 사람들이 하나님의 말씀에 순종하는지를 염려하기 전에 먼저 내가 순종하는 것입니다. 내가 순종할 때 다른 사람들의 생각과 가치가 더욱 돋보이게 됩니다. 순종하지 않으면 다른 사람들을 무시하게 됩니다. 경험적으로 비추어보거나 주변의 신앙인들을 보면, 하나님에 대한 순종은 주변 사람들과의 관계를 변화시킵니다.

바로 이러한 일들이 일어날 때 자기보다 남이 낫다고 인정할 수 있습니다. 그렇다면 이런 사귐, 곧 다른 사람을 자기보다 낫게 인정하는 일을 통해서 무엇이 나타납니까? 이 일에 순종하는 것은 우리로 무엇을 소망하고 기대하게 합니까? 예수 그리스도입니다. 곧 우리가 겸손 가운데 서로에 대해서 더 낫다고 인정할 때 이를 통해 분명하게 드러나는 건 예수 그리스도의 마음입니다. 이 마음이 우리의 마음이 되게 할 때 우리가 서로를 더 낫게 여기는 일이 가능하게 된다는 겁니다. 다시 말해서 자기보다 남을 더 낫게 여기고 실제로 그렇게 여겨지는 일이 일어난다 해도 이 일을 통해서 드러나는 건 예수 그리스도의 마음입니다. 이 마음을 바울은 다음과 같이 표현했습니다.

그는 근본 하나님의 본체시나 하나님과 동등됨을 취할 것으로 여기지 아니하시고 오히려 자기를 비어 종의 형체를 가져 사람들과 같이 되었고 사람의 모양으로 나타나셨으매 자기를 낮추시고 죽기까지 복종하셨으니 곧 십자가에 죽으심이라(6-8절).

이 말씀에서 알 수 있는 그리스도의 마음은 겸손과 희생과 복종의 마음인데요. 이는 세상의 구원을 위한 하나님의 마음입니다. 다시 말해서 우리가 사귐 가운데서 자기보다 남을 낫다고 인정하면 예수 그리스도의 구원이 보이게 된다는 말입니다. 사귐 자체가 구원이 아니라 사귐을 통해서 구원이 증거되고 볼 수 있게 드러납니다. 하나님 나라가 경험되는 일이니 얼마나 놀랍습니까! 바꾸어서 말한다면, 만일 우리가 서로 자기주장을 한다면 예수 그리스도를 통한 구원사건이 드러나지 않게 됩니다. 하나님 나라가 경험되지 않는 거죠. 우리가 부름을 받은 이유가 하나님의 구원을 전하는 데에 있다고 한다면, 설령 이 구원의 복음을 거리에서 힘있게 외치지 않는다 해도 우리는 일상적인 삶을 통해서 얼마든지 구원을 전할 수 있는 것입니다.

이 일에 있어서 우리가 소망을 가질 수 있는 건 하나님이 예수 그리스도에게 부활의 영광을 주시고 모든 이름 위에 뛰어난 이름을 주시어서 하늘과 땅의 주님으로 삼으셨듯이, 우리도 그런 영광을 얻게 될 것이기 때문입니다. 비록 이 세상에서는 자기보다 남을 낫게 여기며 살지만, 천년왕국에서는 주님과 함께 영원히 왕 노릇을 하는 은혜를 받을 것입니다. 우리는 이것을 기대하고 소망합니다. 세상 사람들은 이것을 소망하지 않습니다. 오직 우리 그리스도인만이 소망합니다. 사실 우리는 이 소망으로 부름을 받았습니다. 이 소망 가운데 있을 때 우리의 사귐은 절대 흔들리지 않습니다. 하루 이틀, 혹은 한 달이나 두 달로 끝날 일이 아니라, 주께서 오셔서 모든 것이 밝혀지게 되는 그때까지 계속되어야 합니다. 다시 말해서 우리의 사귐은 주님이 오실 때까지 계속되어야 한다는 말입니다. 하나님 나라에서 우리의 사귐은 단순히 하나님과 아들 예수 그리스도와의 사귐에 참여하는 수준에서 벗어나 그런 사귐으로 변화할 것입니다. 이것이 바로 구원으로 선택받은 자들에게 주어진 하나님의 약속입니다.

우리의 사귐에 변화가 필요합니다. 단순히 서로 알고 친하게 지내는 그런 사귐이 아니라, 내 것을 서로 나눌 수도 있고 자기보다 남을 더 낫게 여기는 그런 사귐입니다. 이 사귐을 우리가 포기할 수 없는 이유는 예수 그리스도의 구원이 이 사귐을 통해서 보다 구체적으로 나타나기 때문입니다. 하나님 나라를 경험할 수 있는 길이기 때문입니다. 비록 이 땅에서 경험하는 하나님 나라의 삶이 힘들고 억울하고 답답한 일이 있어도 사귐을 포기할 수는 없습니다. 하나님이 우리를 위해 마련해 주신 영광을 소망하고 이 일을 기대하면서 사귐의 항해를 마치면 큰 기쁨을 가질 수 있을 것입니다.

복습과 실천을 위한 묵상

1) 성부 성자 성령 하나님의 사귐에 관해 생각을 정리하고 공유해보십시오.

2) 보이지 않는 하나님과 인간의 사귐은 구체적으로 무엇을 말하는가요?

3) 하나님과의 사귐을 위해 우리가 해야 할 일은 무엇인가요?

4) 하나님과의 사귐은 두 가지 형태가 있습니다. 하나는 예배를 통한 것이고 다른 하나는 말씀을 통한 것입니다. 둘을 비교해보고 그 차이를 말해봅시다.

5) 우리와 하나님과의 사귐은 우리의 사귐을 통해서 가능한가요? 가능하다면 어떻게 가능한가요?

8장

온전한 예배로 하나님 나라를 경험합니다

8장 핵심 내용

요한 계시록은 천상에서 하나님을 참으로 예배하는 모습을 보여주는 글입니다. 고난 가운데 지내는 성도가 하나님께 반응하고 하나님이 반응하시는 일에 관한 기록입니다. 하늘에서 일어나는 예배의 모습이지만, 하나님 나라의 모형으로서 교회가 교회다움을 회복했을 때의 모습을 암시하기도 합니다. 우리가 이 땅에서 온전히 예배하는 사람이 하늘의 예배를 경험할 수 있고, 이건 하나님 나라를 경험하는 겁니다.

천상 예배를 보여주신 이유

요한계시록 2-3장은 아시아 일곱 교회의 사자(지도자)에게 보내는 편지의 내용입니다. 교회들의 상태가 어떠한지, 예수님이 교회들을 어떻게 보시고 있는지를 알리는 말씀입니다. 달리 말한다면 교회의 본질을 회복하기 위해 마땅히 해야 할 것과 하지 말아야 할 것을 알리는 내용입니다. 4-5장에서 예수님은 사도 요한을 하늘로 올리시면서 천상의 예배를 보여주십니다(계 4:1). 이십사 장로들과 일곱 영과 네 생물이 보좌 앞에서 찬송하며 예배하는 모습입니다. 6장 이후로는 봉인된 두루마리가 어린 양에 의해 열리는데, 그건 장차 일어날 일에 관해 선포하는 내용입니다. 오늘의 예배에 빗대어 말한다면 설교의 내용인 거죠.

그러니까 요한계시록은 천상에서 하나님을 참으로 예배하는 모습을 보여주신 겁니다. 하나님께 반응하고 하나님이 반응하시는 일에 관한 기록입니다. 하늘에서 일어나는 예배의 모습이지만, 하나님 나라의 모형으로서 교회가 교회다움을 회복했을 때의 모습을 암시하기도 합니다. 이게 무슨 말이냐 하면요. 우리가 이 땅에서 온전히 예배할 때 하늘의 예배를 경험할 수 있다는 뜻인데요. 하나님 나라를 경험한다는 겁니다.

하나님 나라와 예배

하나님 나라의 온전한 모습은 종말에 가서야 나타나겠지만, 그곳은 하나님을 예배하는 삶으로 가득한 곳입니다. 날이면 날마다 하나님을 찬양하며, 성도가 서로 기쁨으로 교제하며, 평화의 인사가 끊이질 않고, 슬픔이 있어도 고통스럽지 않으며, 고통을 겪는다 해도 함께 있는 이가 있어 서로 위로하여 절망이 없는 곳입니다. 서로 사랑하고, 서로 돕고, 서로 세우는 삶으로 가득한 곳입니다.

하나님 나라는 하나님을 예배하는 시간이며 공간이니 참으로 예배하는 자나 영과 진리 안에서 예배를 갈망하는 사람만이 그때 그곳에서 참으로 안식할 수 있습니다. 예배하길 원치 않는 사람에겐 천국이 오히려 얼마나 큰 고통일지, 싫어하고 원치 않는 일을 억지로 또 영원히 해야 한다고 생각하면 그 고통의 깊이와 넓이와 길이를 충분히 알 만합니다.

행실이 악한 자, 하나님을 인정하지 않는 자, 평소 온전하게 예배하길 즐겨하지 않는 자 등, 설령 이들이 천국에 간다고 한들-그럴 일은 없겠으나, 가끔은 사람들이 악인이 천국에 가는 걸 의아하게 생각하는 사람이 있기에 하는 말입니다만-그다지 놀랄 이유가 있을까요? 왜냐면 그것은 심판과 다르지 않기 때문입니다.

하나님은 자비하시니 모든 피조물에 은혜를 베푸시고 예배 가운데 계신다 해서 모두가 행복한 건 아닙니다. 하나님을 영과 진리로 예배하는 자와 그렇지 않은 자는 하나님 나라에서 기쁨과 고통으로 갈릴 것입니다. 예배하길 원하지 않는 자는 하나님 나라의 도래가 오히려 심판입니다. 회개는 하나님 앞에서 보이는 반응 곧 참으로 예배하는 자의 모습이니 "회개하라, 천국이 가까이 왔느니라" 이 말씀은 "하나님을 참으로 예배하는 자만이 하나님 나라를 경험할 것이다"라는 뜻으로 이해할 수 있습니다.

교회 예배와 일상 예배

예배를 말할 때 사람들이 떠올리는 건 교회 예배 혹은 예전(禮典)을 통한 예배입니다. 그러나 예배에는 항상 삶을 통한 예배를 포함해야 합니다. 예전을 통한 예배와 삶을 통한 예배를 합하여 예배라 합니다. 장소와 방식의 차이일 뿐 모두 예배입니다. 이 가운데 하나만 말하는 건, 반쪽 예배입니다. 그동안 다수의 사람이 반쪽 예배만을 염두에 두고 살았습니다. 예배의 회복을 위한 노력에서 우선적인 건 양자 모두를 함께 생각하는 겁니다.

그러나 두 가지가 분리되지 않는 것만이 다는 아니고요. 둘이 유기적으로 상호관계에 있게 될 때 온전한 예배라 합니다. 상호관계를 모르고 지낸 데에는 예전의 의미에 관해 숙지하지 못한 잘못이 있습니다. 예전과 삶의 관계는 삶이 먼저고 그 후에 상징으로서 예전이 형성됩니다. 예전은 하나님과의 관계 안에서 반복하는 삶의 패턴을 의식으로 만든 겁니다. 그런데 시간이 지나면 상징으로서 예전은 실제로 하나님을 예배하는 행위를 인도합니다. 상징의 의미를 알지 못하면 예배에 참여해도 다만 설교의 의미나 감동적인 찬양에만 집중할 뿐입니다. 하나님에게 반응하는 것이 아니라 사람과 사람의 재능에만 반응하는 것이 되어 잘못된 예배가 됩니다.

예배는 하나님의 현존과 말씀에 인간이 반응하는 행위입니다. 교회에서 하나님의 영광에 합당하게 반응하고 일상의 삶에서 하나님이 함께 계심을 믿고 진심으로 사람(과 자연)에 반응하는 것, 이것이 예배입니다. 예전(禮典)은 하나님에게 어떻게 반응할 지 이에 관해 알려주고 일상에서 하나님을 예배하면서 어떻게 사람과 올바른 관계를 갖고 살 것인지를 알려줍니다. 예전과 예전의 의미에 상응하는 삶을 통해 교회 예배와 일상 예배는 상호작용합니다.

만일 교회에서 예배하고 일상에서 예배하지 않으면 하나님 나라를 경험하기 쉽지 않습니다. 반대로 일상에서만 예배하고 교회에 가지 않아도 마찬가지입니다. 사실 다른 한쪽을 포기해도 어느 정도의 경험은 가능합니다. 그러나 성령의 능력을 공급받지 못해 오래 가지 못합니다. 작은 승용차가 3톤 트럭을 끄는 것과 같습니다. 일상의 예배 없는 예전은 건조하고, 교회 예배 없는 일상의 삶은 자기 욕망으로 채워질 뿐입니다. 소위 자기 소견에 옳은 대로 살아가는 거죠.

생명력이 넘치고 하나님의 영광으로 가득한 예배를 위해선 온전해야 합니다. 삶을 통한 예배와 예전을 통한 예배가 분리되지 않고 유기적으로 상호작용을 해야 합니다. 유기적 상호작용이란 어느 하나 없이는 다른 하나도 작동하지 않는 관계를 의미합니다. 서로 관계하고 있다면서 하나 없이 다른 하나가 잘 작동하는 건 이상한 겁니다. 처음에는 그럴듯하게 보여도 진실이 아니고 지속하지 못합니다.

예전을 통한 예배

그렇다면 예배로의 부름을 받고 일상에서 교회로 온 그리스도인이 예전을 통한 예배에서 하나님의 영광에 합당하게 반응하는 건 어떻게 가능한가요?

그리스도인이 교회 예배에 참여하길 즐겨하지 않는 이유는 예배에서 하나님 나라를 전혀 경험하지 못하기 때문입니다. 하나님 나라를 경험한다는 것이 무엇이고 하나님 나라를 어떻게 경험하는지 이에 관해 알지 못한다는 말이 옳을 것입니다. 그러니 먼저 하나님 나라를 경험하는 것이 무엇을 의미하는지 알아야 합니다. 다소 어렵더라도 이 글의 서두에 이 부분을 할애한 이유입니다.

솔직히 많은 그리스도인에게 예전을 통한 예배는 더는 하나님 나라 경험과 무관한 것이 되었습니다. 말씀이 은혜로운 그때나 찬송이 감동적인 그때뿐 입니다. 인간관계에 지치고, 봉사에 지치고, 사역에 지쳐 지내는 때가 더 많습니다. 교역자들은 예배를 섬긴다는 이유로 예배에 집중하는 시간을 갖질 못합니다. 교역자나 신도에게 예전을 통한 예배는 하나님 나라 경험과 거리가 있어 보입니다.

예전은 상징입니다. 상징 작용을 통해 예전은 현존하시는 하나님께 그분의 영광에 합당하게 반응하려면 어떻게 해야 하는지를 안내해 줍니다. 예배로의 부름, 참회, 송영, 성시 교독, 신앙고백, 찬양, 기도, 설교, 봉헌, 축도는 하나님의 현존과 은혜에 대한 인간의 반응입니다. 이것들의 의미를 알아야 비로소 예전에 참여하면서 하나님의 영광에 합당하게 반응할 수 있습니다. 의미를 알고 예전에 참여할 때 성도는 하나님 나라를 경험합니다.

특히 교회의 예배는 예전을 매개로 우리가 예배하는 일이 하나님의 영광 안에서 일어나는 일임을 알려줍니다. 성령을 통해 아버지와 아들의 사귐 안으로 초대되었다는 거죠. 그러니 예전을 통한 예배는 아버지와 아들과 성령의 사귐 안으로 초대되어 일어나는 일입니다. 하나님의 영광 안으로 초대된 것이니 그건 축복입니다. 따라서 예배는 의무로 규정할 일이 아닙니다. 축복인 까닭은 우리의 예배를 통해서 하나님이 영광을 받으시는 것이 아니라 우리의 예배가 하나님의 영광 안에서 일어나는 일이기 때문입니다. 이렇게 말할 수 있는 이유는 예전 신학에서 찾을 수 있습니다.

일상의 예배

하나님의 영광 안에서 예배하는 예전을 통한 예배와 달리 우리가 하나님의 영광을 드러내는 혹은 하나님께 영광을 드리는 예배는 일상의 예배입니다. 예전을 통한 예배는 '드려지는 것'이기보다는 하나님의 현존과 은혜와 말씀에 대해 '하나님의 영광에 적합하게 반응하는 일'입니다. 달리 말해서 하나님 앞에서 직접 경배하고 찬양하면서 예배하는 겁니다. 이런 교회 예배를 통해 우리는 장차 온전하게 임할 하나님 나라를 기대와 소망 가운데 앞서 경험합니다(anticipation 先取).

그리고 성부 성자 성령 하나님이 그리스도인과 동행하길 비는 축도를 통해 일상으로 파송 받은 그리스도인은 6일 동안의 삶을 통해 하나님께 영광을 돌리는 삶을 삽니다. 달리 말해서 일상에서, 직장, 학교, 가정, 이웃과의 관계에서 여호와께서 참 하나님이심을 사람들이 인정할 수 있도록 한다는 말입니다.

관건은 그것이 어떻게 가능한가 하는 것이겠는데요. 이 질문에 사람마다 장소마다 상황에 따라 각각 다른 대답이 나올 수 있습니다. 획일적인 대답은 불가능합니다. 저는 이 질문에 이렇게 대답합니다.

일상에서도 예전에 상응하는 의미가 있다는 겁니다. 왜냐하면 앞서 언급했지만, 예전은 원래 일상에서 일어나는 반응 곧 하나님에 대한 인간의 반응을 상징으로 표현한 것이고, 이것을 모아 의식으로 만든 것이기 때문입니다.

예컨대 예배로의 부름은 인간을 하나님과의 사귐으로 초대하는 예전인데요. 이건 하나님 앞에서의 삶이 시작하는 것 곧 하루의 시작을 의미합니다. 잠에서 눈을 뜰 수 있다는 사실 곧 살아있는 존재로서 하루를 시작할 수 있다는 건 하나님의 부름에 따른 결과입니다. 왜냐하면 살아있다는 것 자체가 하나님의 부름에 따른 것이고 하나님과의 사귐은 오직 살아있는 존재에게만 허락된 일이기 때문입니다.

그리고 일상에서 여호와께서 참 하나님이심을 사람들이 인정할 수 있도록 하는 구체적인 모습 곧 일상 예배의 모습은 기독교 문화를 매개로 일어납니다. 그러나 더 많은 경우 일상 예배의 구체적 모습은 서로 사랑하고, 서로 돕고, 서로 세우는 삶으로 나타납니다.

서로 사랑하는 삶은 예수님이 제자들에게 하신 말씀에 따른 것입니다. 서로 사랑할 때 사람들이 우리가 예수님의 제자인 줄 알게 될 것이라 했는데요. 이건 우리의 '서로 사랑'을 본 사람들이 우리를 다스리고 돌보시는 분이 예수님인 줄 인정할 것이란 뜻입니다. 우리의 서로 사랑을 통해 우리 자신이 하나님의 나라를 경험하고 사람들에게 하나님의 나라를 보여 그들로 하나님 나라를 간접적으로 경험하도록 합니다.

서로 돕는 삶은 창세기에서 하나님이 동반자를 만드실 때 언급된 겁니다. 사람을 만드시고 돕는 배필을 만드셨는데, 이를 위해 적합한 자로 여자를 선택하여 만드셨습니다. 이로써 하나님은, 사람이란 존재는 서로를 돕고 살아야 함을 알려주신 겁니다. 사람은 서로 도우며 살 때 자기 본질에 합당한 삶을 사는 것이고요. 또한 그때 비로소 도우시는 하나님을 경험할 수 있습니다. 하나님 나라를 경험하는 거죠.

서로 세우는 삶은 사도 바울이 고린도 교회에 보내는 편지에서 언급한 것입니다. 무엇을 하든 교회의 덕을 세우기 위해 하라는 말씀입니다. 이것은 무엇을 하든 하나님의 영광을 위해 하라는 말씀과 일치합니다. 무엇을 하든 서로를 세우는 노력이 하나님의 영광을 나타내는 삶으로 이어집니다. 이와 같은 맥락에서 빌립보 교회에 보내는 편지에서 바울은 자기보다 남을 낫게 여기라고 말했습니다. 이것 역시 남을 세우라는 말인데요. 공동체에 보낸 편지였다는 점에서 이건 서로를 세우라는 말과 일치합니다. 그러니까요. 그리스도인은 일상에서 서로 세우는 삶을 통해 하나님의 다스림과 돌봄을 받는 사람임을 나타내 보입니다. 또한 그리스도인의 삶을 본 사람들 역시 간접적으로 하나님 나라를 경험합니다.

우리가 지금까지는 하나님이 세상을 향한 일방적인 사랑을 생각하면서 일방적 헌신을 당연하게 생각하며 강조해왔는데요. 안타깝게도 이건 성도를 지치고 탈진하게 하는 결과로 이어졌습니다.

부자가 가난한 자에게 일방적으로 베푸는 일은 한계가 있습니다. 부자와 가난한 사람이 서로를 위해 행해야 합니다. 부자도 가난한 자에게 사랑과 도움 그리고 세움을 받을 수 있는 구조가 되어야 합니다. 목회자만 해서도 안 되고, 성도만 해서도 안 되지요. 목회자와 성도가 서로 행해야 합니다.

특정 성도만 행해서도 안 됩니다. 성도들 모두 서로 행해야 합니다. 교회와 세상의 관계에서 일방적으로 교회만 해서는 안 됩니다. 교회와 세상이 서로 행하는 구조가 되어야 합니다. 선교지에서 실패하는 경우의 대부분은 의존관계 때문입니다. 선교사는 선교지 사람들에게 베푸는 걸 당연하게 생각하는데요. 선교지 사람들 역시 선교사를 위해 할 수 있는 일을 하도록 기회를 주어야 합니다. 이 관계가 돈을 매개로 이루어지는 건 바람직 하지 않습니다. 처음에는 어쩔 수 없어도 돈을 매개로 맺어지는 관계의 굴레에서 하루속히 벗어나야 합니다.

교회 예배와 일상 예배 곧 온전한 예배를 통해 그리스도인은 하나님 나라를 경험합니다. 원하는 감정 상태가 아니라고 해서 하나님 나라 경험이 아닌 것이 아니고요. 원하는 감정 상태라고 해서 하나님 나라 경험인 것도 아닙니다. 하나님 나라 경험은 감정에 좌우하지 않습니다. 오히려 온전한 예배를 통해 하나님의 다스림과 돌봄과 사귐을 인정할 때 현실이 됩니다.

복습과 실천을 위한 묵상

1) 온전한 예배가 무엇인지 설명해보십시오.

2) 요한 계시록 2-3장과 4-5장의 관계를 생각해 보십시오.
교회의 본질 회복과 온전한 예배의 상관관계에 관해 생각하고 말해 보십시오?

3) 교회 예배와 일상 예배의 특징을 말해보십시오.

4) 교회 예배와 일상 예배가 유기적 관계 안에 있기 위해 필요한 일은 무엇인가요?

에 필 로 그

지금까지 하나님 나라를 경험하는 삶을 위한 다섯 가지 길에 대해 살펴보았습니다. 창조 이후 한 번도 중단한 적이 없는 하나님 나라는 묵상이나 이론 형성을 위한 것이 아니라 경험을 위해 주어진 은혜입니다. 기독교는 교리 체계가 아니라 이 땅에 현존하는 하나님 나라로의 초대이며, 모험적인 삶으로의 초대입니다.

그러나 그리스도인이 회개하지 않고, 하나님의 다스림과 돌봄을 받아들이지 않고, 하나님과의 사귐을 갖지 않고 그리고 온전히 예배하지 않아서 그 나라를 경험하지 못한다면 하나님 나라는 화중지병(畵中之餠)에 해당합니다. 참으로 안타까운 일입니다.

하나님은 이미 예수 그리스도를 통해 보여주셨고, 오늘날 성경을 통해 그 길을 보여주시고 있으며, 또 성령을 통해서 예수 그리스도를 믿고 하나님 나라를 소망하는 자들을 그 길로 초대하시며 또한 인도하십니다. 우리에게 필요한 건 다만 순종입니다. 순종이 경험을 보장하는 건 아니지만, 하나님 경험을 확신 가운데 기대할 수는 있습니다.

하나님 나라는 더는 심판적 정의가 아니라 구원의 정의와 평화가 지배하는 곳입니다. 그리스도를 통해 계시한 은혜와 사랑으로 다스려지는 곳이며 성령의 인도에 따라 살 때 주어지는 의와 평화와 희락이 영원한 나라입니다(롬 14:17, cf. 사 52:7). 곧 은혜로 하나님과의 관계가 회복되며(의), 약속이 성취되고(평화), 삼위일체 하나님의 사귐 안으로 초대되어 기쁨(희락)을 영원히 누리는 곳입니다.

수많은 믿음의 선배들이 끝까지 믿음을 지킬 수 있었던 것이나 고난의 삶에서도 순종하길 주저하지 않았던 건 그들이 하나님 나라를 경험하며 살았기 때문입니다. 그들이 어떻게 살았는지 성경이 전해주는 이야기에 주목하면 다섯 가지 모습은 어렵지 않게 발견할 수 있습니다. 하나님 나라를 경험하면서 하나님이 우리와 함께 계심과 하나님이 어떠한 분인지를 알고 그리스도인으로서 또 하나님 나라의 백성으로서 하나님을 영화롭게 하는 삶을 살아갈 수 있기를 기대합니다.